그 남자를
만나기 전에
알았다면
좋았을 것들

사랑이 어려운 당신을 위해

그 남자를 만나기 전에 알았다면 좋았을 것들

이성주 지음

애플북스

목차

서문

70억 명이 사는 지구에는 70억 개의 사랑이 존재한다

피치 못할 사정으로 시중의 연애 책을 두루 섭렵한 일이 있다. 솔직히 말해, 남녀 관계에서 나의 제일가는 관심사는 '섹스'였지 '섹스 전 단계'는 아니었다. 고백하건대, 나는 우디 앨런 감독의 〈당신이 섹스에 대해 알고 싶어 하는 모든 것, 하지만 묻기를 두려워하는 것Everything You Always Wanted to Know About Sex But Were Afraid to Ask〉 한 편으로 인류의 섹스와 연애, 그리고 사랑에 관한 모든 것을 설명할 수 있다고 믿는 부류다.

모든 인간관계에는 '갑'과 '을'이 존재한다. 사랑도 예외는 아니다. 우리가 사랑이라고 포장하는 모든 현상들에는 필연적으로 권력관계가 형성된다. 말하자면, 사랑이나 연애도 하나의 '거래'인 셈이다. 그리고 그 거래의 핵심은 '남자의 능력'과 '여자의 성기'의 교환이다.

그런 관점에서 보자면, 시중에 나와 있는 무수한 연애 책들은 세부 내용 면에서는 차이가 있을지라도 이런 거래에서 요구되는

'협상술'의 다른 표현으로 볼 수도 있다. 진지하게 그 연애 책들의 모순을, 그리고 그 작동 메커니즘을 파헤쳐 보자.

'밀당'은 연애를 이루는 핵심요소다. '저울의 중심 추'와 같은 것이라고 말할 수 있다. 즉, 밀당이 개입되지 않고서는 제대로 된 연애가 성립되기 어렵다. 또한 밀당에는 '사랑이나 연애는 서로 끊임없이 노력해야만 유지되는 그 무엇'이라는 전제가 깔려 있다. 그럼에도 우리는 박상철의 노래 가사처럼 사랑에 '무조건'이라는 부사를 붙이기 좋아한다. 사랑이 어떻게 무조건적일 수 있는가?

시중의 연애 지침서들은 거의 예외 없이 결혼을 다음과 같이 정의한다. '사랑하는 사람을 선택하고(사랑이 아니라 그 사람의 조건이겠지만 어쨌든 '사랑'이라고 포장한다), 그 사람과의 사랑을 키우고, 궁극적으로 그 사랑을 '영원히' 보존하기 위한 계약.'

나는 연애 지침서들을 실용서로 분류해야 한다고 생각한다. 그 안에서 말하는 사랑이란 '결혼 적령기에 이른 이성들의 외부적 조건'이며, 결혼이란 남자의 조건(경제적 능력)과 여자의 성기(섹스 혹은 성적 서비스)의 교환 즉, 계약관계로 파악하고 있다.

물론 사랑이라는 감정을 부정하고 싶은 생각은 없다. 사랑은 분명 존재한다. 그러나 사랑은 맹목적이고, 비타협적이며, 절대적이다. 거기엔 어떠한 '조건'도 끼어들 틈이 없다. 그러고 보면 인간이란 본질적으로 양면적인 존재다. 자신의 사랑에 '무조건'이라는 부사를 붙이기 좋아하면서 동시에 언제나 조건을 개입시키려 한다. 첫 소개팅 자리에서 상대방의 외모와 조건을 꼼꼼히 따져 보며 호구조사를 하는 것은 당연히 거쳐야 할 과정으로 간주되는 세상에 우리는 살고 있다. 과연 이게 사랑일까?

사랑과 연애 그리고 연애 지침서들에 대해 내가 꽤나 까칠한 입장을 취하고 있다고 느낄지도 모르겠다. 그런 유의 책들을 읽고 사랑과 연애에 대해 진지하게 고민하게 된 배경과 연유를 털어놓아야겠다. 내 나름의 해명으로 받아들여도 좋다. 내겐 여동생이 한 명 있다. 자세한 설명은 아래의 프로필로 대체하겠다.

성명 올리비아.

나이 1982년생(한국 나이로 32세).

직업 꽤 괜찮은 외국계 회사에 다니고 있다(그 전에는 모 대기업과 홍보 대행사에 다녔다).

성격 피붙이인 내가 감당하기도 벅찰 정도다.

학벌 김혜수가 다녔던 대학(영화 〈타짜〉에서)에서 영어를 공부했다.

혼인 여부 미혼(그래서 더 까칠하다).

특기사항

1. 외국계 회사에 다니기 전부터 매년 2~3회씩 해외여행을 다녔다.
2. 한국 남자보다 외국 남자를 더 좋아한다. 그런 터라 외국 남자를 주로 사귄다. 국적과 인종도 다양해 미국, 영국, 인도(인도계 미국인), 히스패닉 등 다양한 남자를 사귀었고, 매번 내게 데려왔다. 그때마다 짧은 영어로 "Yankee, go home!"을 외치느라 힘들었다(반쯤 농담이다).
3. 개를 키운다(요즘은 그 개를 부모님 집에 맡겨 놨다).
4. 입버릇처럼 '이 정도면 동안이지 않아?'를 외치며, 각종 안티에이징 화장품을 사 모으는 호사스런 '취미'를 가지고 있다. 아직까지 인정하지는 않지만, 자신의 '자궁 유효기간'이 다 돼 가고 있음을 느끼는 것 같다.

모든 이야기의 시작, '자궁의 유효기간'

아무튼 이런 여동생이 하나밖에 없는 오빠랍시고 툭하면 날 찾는다. 그러고는 이런 말을 던진다.

"오빠! 내 인생, 왜 이렇지?"

국내 굴지의 대기업을 퇴사하고는 그 퇴직금을 털어 3개월간 미국 여행을 다녀온 뒤 내게 불쑥 던진 첫마디였다. 뭐가 문제란 거지? 회사를 그만둔 게 문제란 뜻인가? 어차피 다른 회사에 재취업할 것 아닌가? 아니면, 퇴직금 털어서 미국여행을 간 게 문제란 얘긴가? 인생 즐기며 살겠다고 말한 게 누군데……? 동생의 입에서 생뚱맞은 소리가 나왔다.

"나, 남자가 없어. 결혼하고 싶어!"

한동안 잠잠했던 '결혼 타령'이 다시금 터져 나온 것이다. 동생과 그녀의 친구, 그리고 그 후배들과 대화를 나누다 보면 언제나 뭔가에 쫓기고 있다는 느낌을 지울 수 없다.

"나이도 자꾸 들어가는데, 얼른 근사한 남자 만나서……."

"나이 더 들기 전에 얼른 시집가야 하는데……."

"한 살이라도 어릴 때……."

그들이 나누는 대화를 듣다 보면 '나이' 이야기가 꼭 나온다. 그렇다. 모든 이야기의 시작, 나이. 바로 '자궁의 유효기간'이다. 자궁이 아직 쌩쌩할 때 얼른 남자 만나 시집가고, 아이를 낳아야 한다는 강박관념이 느껴진다. 미안한 말이지만 그녀들은 지금 임신해도 '노산'으로 분류될 연령대에 걸쳐 있다. 물론 그녀들은 만 나이를 따지고, 신체 나이와 자신의 동안을 강조하고 싶겠지만…….
그럼에도 어쨌든 '노산'이라는 사실만은 부인할 수 없다!

"그럼 결혼하면 되잖아?"

심드렁하게 내놓은 내 해답에 동생과 그녀의 친구들은 입에 거품을 물고 항변을 했다.

"남자가 없잖아!"

남자가 없다니, 그게 말이 되는가? 말은 똑바로 하자. 남자가 없는 게 아니라 그녀들의 기준에 '맞는' 남자가 없는 것이다. 세상에 남자는 많다. 적어도 절반 이상이 남자니까. 이 대목에서 갑자기 버나드 쇼가 한 명언이 뇌리를 스치고 지나갔다.

"여자는 최대한 빨리 결혼해야 하고, 남자는 최대한 결혼을 미뤄야 한다."

그렇다. 동생은, 그리고 그녀의 친구와 후배들은 결혼 타이밍을 놓친 것이다. 그뿐만이 아니다. 그녀는 인류가 만들어 낸 '결혼'이라는 제도가 대변혁을 일으키는 과도기의 한가운데에 서 있었던 것이다. 다시 말해, 잘못된 장소와 잘못된 시간에 잘못된(?) '성性'으로 태어난 것이다.

'사랑-연애-결혼-행복'으로 이어지는 등식이 결혼의 절대명제라고 생각하는 것이 일반인들이 가진 기본상식이다. 한데, 놀랍게도 이 등식이 체계적으로 정리되고 시스템화되어 굴러간 역사는 길게 잡아도 150년이 안 된다. 게다가 국내에 본격 도입된 것은 30년이 채 못 된다. 그럼 그 이전에는? 그냥 우리 아버지, 어머니

세대의 미혼 남녀처럼 비슷비슷한 집안의 처녀총각들과 한두 번 선을 보고 바로 결혼했다.

나는 '직업'과 '결혼'에 있어서만은 근대 이전의 삶이 나았을지도 모른다는 생각을 가끔 한다. 취업이 안 돼 자살을 하고, 나이가 차도 결혼하지 못해 전전긍긍하는 모습들을 보고 있자면 근대 이전의 시스템이 개인에게 오히려 바람직했을지 모른다는 생각이 드는 것이다. 직업과 배우자를 선택할 자유가 갑작스럽게 주어지면서 사람들은 이 '자유' 앞에서 어떻게 행동해야 할지 갈피를 못 잡는 것 같다.

조선 성종시대만 해도 국가에서 노처녀·노총각들을 위해 혼수를 지원하는 정책이 있었다. 정조 시대에 이르러서는 2년마다 한 번씩 의무적으로 호구조사를 실시한 뒤 25세 이상의 노총각·노처녀들을 국가 차원에서 혼인시키기도 했다.

사실, 조선시대까지 거슬러 올라갈 필요도 없나. 비교적 최근이라고 할 수 있는 1990년대 초반까지만 해도 대학을 졸업하면 대부분 취업을 했고, 나이가 차면 시집 장가를 가는 것이 상식으로 받아들여졌으니 말이다.

그러나 취업은 말할 것도 없고 결혼에 있어서조차 피나는 노력과 불꽃 튀는 경쟁이 요구되는 시대로 진입했다. 그러다 보니 이른바 경쟁에서 뒤처진 사람들은 남자나 여자 모두 나이가 들어도 결혼하지 못하고 언제까지나 싱글로 지내야 하는 시대가 된 것이다. 게다가 설상가상으로 지속되는 경제 위기와 극심한 취업난 속에서도 남자들은 자신의 '본능'에 충실하게 소위 '나이 어린' 여자를 찾고, 반대로 여자들은 여전히 앙혼仰婚: 자신의 신분보다 높은 사람과 결혼하는 것에 대한 로망이나 강박관념을 버리지 못한다는 현실이 맞물리면서 그런 경향은 더욱 심화되고 있는 실정이다.

연애상담이 '오늘의 운세'와 흡사한 이유

프리랜서라는 직업적 특성과 작가라는 타이틀을 가진 탓에 나는 동생과 그녀의 친구들이 쏟아내는 푸념을 끝도 없이 들어줘야 할 때가 많다. 게다가 4년 남짓 신문에 섹스, 남성 심리, 부부관계 등에 관한 연재를 해 온 덕분인지 그들은 무슨 조그만 푸념거리라도 생기면 득달같이 날 찾아와 고민을 털어 놓곤 한다.

한데, 시간이 가고 그런 일이 반복되다 보니 나중에는 귀찮다 못해 지겨워졌다. 처음에는 내가 그들에게 그릇된 조언을 해 주는 게 아닐까, 하는 두려움도 있었지만 시간이 지날수록 그런 두려움은 사라지고 귀찮음과 지루함만 남아 있었다.

한 번이라도 연애상담을 해 본 사람이라면 잘 알고 있을 것이다. 상담을 하자면, 기승전결의 16부작 멜로드라마를 빠짐없이 들어야 한다. 하이라이트 편집은 절대 불가다! 특히나 여성의 경우에는 조언을 구하는 척하면서 은근히 '동의'를 요구한다. 물론 당사자들에게는 인생이 걸린 문제일 테지만, 답도 없는 뻔한 이야기를 끝도 없이 들어주는 일은 그 자체로 고역이다. 성심성의껏 조언을 해 주고 친절하게 상담해 줘도 결국에는 다시 원점으로 돌아와 천

연덕스럽게 처음의 그 이야기를 꺼내 지치지도 않고 주절거린다. 이 정도면 단지 귀찮고 지루하다는 말로는 설명이 되지 않는다. 짜증이 치밀고, 허탈해진다. 그러나 어쩌겠는가? 이 세상에 둘도 아니고 딱 하나밖에 없는 여동생인데…….

'시시포스Sisyphos의 돌 굴리기'처럼 끝도 없이 이어지는 연애상담의 덫에서 벗어날 방법을 찾기 위해 나는 머리를 굴리기 시작했다. 그러던 중 한 가지 아이디어가 떠올랐다. 뭔가 쌈박한 매뉴얼을 만들어 그녀들에게 던져 주자는 것. 그 결과, 이 책이 나오게 되었다.

본격적으로 내용을 전개하기 전에 3가지만 짚고 넘어가야겠다.

첫째, 연애상담은 '오늘의 운세'와 흡사하다는 점이다. '바넘 효과Barnum Effect'라는 게 있다. 이 이론에 따르면, 점을 볼 때 거기에서 나온 점괘는 언제나 매우 일반적이라고 한다. 그럼에도 사람들은 그 점괘가 자기 자신의 상황만을 묘사한다고 믿는다는 것이다.

과연 그럴까? 예컨대, 지구 위에는 무려 70억 명이나 되는 많은 사람이 살고 있다. 그렇다면 사랑 역시 70억 개가 존재한다고 보면 된다. 그걸 모두 뭉뚱그려 하나로 정의내릴 수는 없는 것이다. 더구나 얼굴 한 번 보지 않은 채 단지 글로써만 소통하는데, 거기에서 전혀 결함이 없는 완벽한 해결책이 쉽게 찾아질까? 이런 점을 감안해서, 일반적인 패턴은 존재하되 그 패턴이 적용되지 않는 특수한 경우는 얼마든지 존재할 수 있다는 가능성을 염두에 두고 이 책을 읽어 주기 바란다.

둘째, 조금 현실적인 이야기를 해 보자. 나는 '사랑'이란 개념을 상당히 부정적인 관점에서 바라보는 편이다. "인간은 사랑하지 않고서는 살아갈 수 없는 생물"이라는 에리히 프롬의 주장을 나도 인정은 한다. 그러나 그러면서도 사랑과 결혼이 반드시 같은 문장 안에 존재해야 할까, 라는 의문을 기본적으로 갖고 있다. 일테면, 이런 거다. '반드시 사랑하는 사람하고만 결혼해야 할까?'

물론, 사랑하는 사람과 결혼할 수 있다면 더 할 나위 없을 것이다. 그런데 현실적으로 그게 말처럼 쉽냐는 거다. 이 지점에서 오해하지 마시길. 나는 '사랑'이라는 감정을 매도하거나 폄하하고 싶은 생각은 추호도 없다. 단지 그 복잡 미묘한 감정을 늘 '경계'해야 한다는 걸 지적하고 싶을 뿐이다.

셋째, 어떠한 경우에도 '절대'라는 부사를 함부로 사용해서는 안 된다고 나는 생각한다. 그런 연장선상에서 '예외'에 대해 언급해 두고 싶다. 즉, 그 '예외'가 언제나 자신이 되어야 한다는 생각을 버리라는 것이다. 간곡한 부탁이다.

서설이 길었다. 내 여동생과 그녀의 친구들, 그 후배들, 그리고 이름 모를 독자들에게 이 책이 조금이나마 도움이 되면 좋겠다. '오늘의 운세'를 읽는 가벼운 마음으로 이 책에서 위안을 얻기 바란다. 그것이 가능하다면 말이다.

– 2013년 12월, 화성 융건릉 앞에서

Love

본격적으로 동생과 상담하기 전에 오빠로서 몇 가지 질문을 던져 보려고 한다. 최소한 상담에서 사용되는 어휘나 상황에 대한 '정의'는 통일시켜 놓은 상태에서 이야기를 시작해야 하지 않겠는가. 지극히 현실적이고 냉정한 이야기이겠지만 말이다.

제1부 까칠한 오빠가 묻다

오빠의 첫 번째 질문

남자가 뭐라고 생각해?

1

올리비아의 자동차 '붕붕이'를 탈 때마다 나는 바짝 긴장하곤 한다. 내 여동생 올리비아가 '김 여사'로 빙의해 느닷없이 불법 유턴이나 역주행을 하면 어쩌나 하는 원초적인 불안감 때문만은 아니다. 이미 그 시기는 지나갔다. 그렇다고 안심할 수만도 없지만…….

늘 내 마음 한구석을 무겁게 내리누르는 건 그녀의 운전 실력이 '기분'에 따라 급격한 편차를 보인다는 점 때문이다. 그럭저럭 기분이 괜찮을 때는 대기업 임원의 수행기사가 모는 차처럼 부드럽게 굴러간다. 그러나 뭔가 조금이라도 짜증나는 일이 있거나 바짝 신경 써야 하는 일이 생기면 갑자기 미하일 슈마허가 되어 F1 트랙을 돌 듯 거칠게 핸들을 꺾는다.

지금 올리비아는 후자 쪽에 가까운 상태다. 이럴 땐 안전벨트를 맨 상태에서 자연스럽게 손잡이를 꽉 붙잡게 된다. 그러고는 슬며시 여동생의 옆얼굴을 살펴본다. 아……, 한없이 어두운 다크 블루. 별도의 색조화장을 필요로 하지 않는 포스다. 이럴 땐 만사 제쳐두고 도망가는 게 상책인데…….

"오빠, 남자들은 왜 그래?"

늘 이런 식이다. 내가 점쟁이냐? 네 마음을 다 읽어 내야 해? 왜, 차라리 사이코 메트리Psychometry(그리스어의 'Psyche[혼]'와 'metron[측

정]'이 합성된 단어로서 글자 그대로 해석하면 '물건의 혼을 계측하여 해석하는 능력'이라는 뜻이다)에게 상담을 요청해 보지 그래? 이럴 땐 선수를 쳐야 한다!

나 **네가 생각하는 남자는 어떤 '동물'이야?**('동물'이 키포인트다. 동생의 기분을 맞춰 줘야 하니까.)

올 (잠시 고민) **말 그대로 동물이고, 짐승이고, 머릿속에는 온통 섹스 생각밖에 없고, 자기중심적이고, 어린애고, 유치하고, 감정도 메말라 있고, 생각도 없고……. 그래! 도무지 무슨 생각을 하는지 모르겠어!**

나 **잘 아네.**

(…… 잠시 정적)

올 **그게 다야? 왜 물어본 건데?**

나 **이미 알고 있잖아? 연애책 보면 남자에 대해 다 나오는데……. 《화성에서 온 남자 금성에서 온 여자》였나? 그 책만 봐도 다 나오잖아!**

올 **왜 물어본 건데? 무슨 이유가 있으니까 복선 깔고 물어본 거 아냐?**

나 (한숨) **네가 알고 있는 남자의 정의와 남자가 남자에 대해 내리는 정의가 일치하느냐는 거야.**

올 **그게 도대체 무슨 소리냐고!**

이렇다. 이럴 땐 조용히 입 닫고 가던 길이나 가야 한다. 해야 할 이야기? 그런 건 나중에 글로 써서 보여 주는 게 상책이다.

Dear Olivia.

남자는 섹스할 수 있는 '엄마' 같은 '여자'를 원해

남자인 내가 봐도 남자라는 존재의 정체성이 모호하게 느껴질 때가 있다. 유치하고, 어린애 같을 때가 종종 있다. 의도하지 않았음에도 자기중심적으로 행동할 때도 많다. 인정한다. 대화를 시도한다고? 남자들의 대화를 떠올려 보기 바란다. 어느 순간 이성적이고 합리적인 주장은 감쪽같이 사라져 버리고, 아집에 사로잡혀 있는 데다 억지에 가까운 '주장'들이 그 자리를 대신한다.

남녀 사이에 쉽게 극복하기 어려울 정도로 커다란 차이가 존재한다는 건 이미 널리 알려진 사실이다. 물론 신체 구조나 면역 체계의 관점에서 보자면 그리 큰 차이가 난다고 하기는 어렵다. 단, 생식기를 제외하고는…….

그러나 정신 구조의 측면에서는 남녀 사이에 상당히 큰 차이가 드러난다. 이따금 나는 "남자는 테스토스테론에 절여진 여자"라는 말을 떠올리곤 한다. 그 '테스토스테론'이라는 게 코카인이나 엑스타시의 일종이 아닌가란 생각이 들 정도다.

스포츠에 열광하는 남자들! 그들은 결과를 알 수 없는 '스포츠'

에 흠뻑 빠져든다. 반면 여자들은 언제나 예측 가능한 '드라마'에 깜빡 죽는다. 남자들이 보기엔 다 똑같은, 식상하기 짝이 없는 스토리를 담고 있는 드라마를 보면서 여자들은 '심하게' 감정을 이입을 한다. 남자는 '경쟁'을 말하고, 여자들은 '화합'과 '공감'을 이야기한다.

남자라는 존재에 대해 한마디로 정의를 내려 보라고 한다면 나는 다음과 같이 답하겠다. '횡단보도'. 그렇다, 횡단보도! 왜냐고? 진화심리학자인 보구슬라프 파블로프스키가 했던 '횡단보도 실험' 결과 때문이다.

그는 횡단보도에서 무단횡단을 하는 남녀의 비율을 꼼꼼히 조사했다. 그 결과, 남자가 여자보다 무단횡단을 하는 비율이 압도적으로 높다는 사실을 알게 되었다. 한데 재미있는 것은, 기다리는 사람들 사이에 여자가 끼어 있을 경우 남자가 무단횡단하는 횟수가 눈에 띄게 높아졌다는 사실이다. 반면, 여자는 아무런 영향을 받지 않았다.

남자는 언제나 대박을 노린다. 간단한 금융상품 투자에 있어서도 남자는 고위험 고배당 상품을, 여성은 저위험 저배당 상품을 찾는 경향이 있다. 그리고 누군가에게 뭔가를 과시하고 싶어 하고, 대체로 개념이 없다. 그게 남자다.

여기까지는 일반적인 이야기다. 이 지점에서 여자들에게 들려주고 싶은 좀 더 '진지한' 이야기가 있다. 도대체 남자라는 존재를 어떻게 정의 내려야 할까?

남자에게 여자는 엄마 아니면 창녀다.(자크 라캉)

프랑스의 정신분석학자 라캉이 한 말이다. 이 말을 듣고 여자들은 "남자는 여자를 분류할 때 같이 잘 수 있는 여자와 잘 수 없는 여자로 나눈다"라는 매우 적확하면서도 시중의 시시껄렁한 농담처럼 받아들여지는 표현을 떠올릴 수도 있다.

사실, 라캉이 했던 이 말은 그런 유의 농담과는 차원이 다른 말이다. 그의 정의에 따르면 남자들 대부분은 '강박증'에, 여자들 대부분은 '히스테리에' 지배받는다고 한다.

히스테리란 말, 낯익지 않은가? 나이가 좀 있는 여성들이 직장생활을 할 때 가장 예민하게 반응하는 말은 아마도 '노처녀 히스테리'일 것이다. '히스테리'란 무엇인가? 자주 습관처럼 사용하면서도 정작 이 용어의 정확한 뜻을 알고 있는 사람은 의외로 드물다.

히스테리 증상을 보이는 사람은 기본적으로 자신의 욕망을 부정한다. 그는, 그리고 그녀는 타자가 욕망하는 대상이 되기 위해 늘 애를 쓴다. 문제는 우리 모두 사람이라는 점이다. 사람인 이상 어느 누구도 자신의 욕망을 부정할 수는 없다. 따라서 인생을 살다 보면 필연적으로 자신의 욕망을 드러낼 수밖에 없는 순간에 맞닥뜨리게 된다. 그때 우리가 잘 아는 그 '히스테리' 증상이 순간순간 나타나게 되는 것이다. 짜증나고, 분노하고, 갈등하고…….

그렇다면 강박증은 어떨까? 강박증 환자는 자신의 욕망을 충족시키는 일에만 몰두한다. 자신의 욕망을 이루는 일에 관심을 쏟는 것까지는 좋은데, 그러다 보니 타인의 욕망 자체를 부정하려는 경향을 보인다. 이 대목을 눈여겨봐야 한다. 자신의 욕망이 무엇보다 우선이고, 타인의 욕망을 부정한다? 그 결과 남자들은 타인을 자신의 욕망을 실현시키기 위한 수단이자 도구로 바라본다. 앞에서 말한 '엄마 아니면 창녀'라는 말, 이제 이해가 좀 되는가? 이제까지 그대가 사귄 남자들을 곰곰이 떠올려 보기 바란다. 다른 건 다 필요 없고, '섹스' 한 가지 관점에서만 살펴보자.

'나, 섹스하기 위해 만나는 거야? 내가 무슨 단백질 인형이야?' 이런 생각이 드는 경우가 더러 있지 않았는가? 남자가 섹스에 집착하는 데는 여러 가지 이유가 있을 것이다. 그중에서 우리가 눈여겨봐야 하는 건 그 '솔직함' 아니, 자신의 욕망에만 충실한 그 '뻔뻔함'이다.

라캉은 이런 남녀 사이에 근본적인 심리 차이가 발생하는 이유를 가부장적인 사회체제에서 찾았다. 여기서 더 깊이 들어갈 필요는 없을 것 같다. 어쨌든 남자들은 타인을 자신의 욕망을 실현시키는 도구로 바라본다는 것, 그게 핵심이다. 그게 바로 남자다. 다시 한 번 좀 쉬운 말로 정리하자면, '남자는 자기가 하고 싶은 걸 그대로 받아 주고 이해해 주는 사람을 좋아한다'는 의미다.

정말로 쉽게 한마디로 정리하자면, 남자는 애라는 소리다. 이제 좀 더 명쾌해지지 않았는가. 즉, "남자에게 여자는 엄마 아니면 창녀다"라는 말의 이면에는 남자의 무시무시한 '본성'이 숨겨져 있었던 것이다.

여자들이 만나려고 하는, 사랑하려는, 결혼하고 싶어 하는 남자들. 그들 대부분이 바로 이런 남자들이다. 사람에 따라 약간의 차이는 있겠지만 본질 면에서는 정확히 똑같다. 자, 그러니 어쩔 텐가? 그런 남자의 본성을 뜯어 고칠 것인가? 분명히 말하지만 사람은 쉽게 변하지 않는다. 뼈를 깎는 노력과 교화(!)를 통해 어느 정도 성격을 뜯어 고쳤다고 해도 언젠가는 그 본성이 나무를 비집고 못이 튀어나오듯 불쑥불쑥 튀어나올 수밖에 없다. 그러니 각오해야 할 것이다.

미혼 여성들이여 환상에서 깨어나라!

남자에게는 평생 '엄마'가 필요하다. 요리나 청소, 세탁과 같은 일을 대신 해 줄 여자가 있어야 한다. 가정부, 세탁부, 요리사란 이름을 하나로 묶은 다음 '엄마'라는 이름을 붙이고, 오랫동안 그녀의 토털 서비스를 받아 온 게 바로 남자다.

그러다가 어른이 되면서 거기에 만족하지 못하고 뭔가 새로운 기능을 탑재하고 싶어진 것이다. 바로 '섹스'다. 말하자면, 엄마의 기능에 섹스 기능이 추가된 '신상품'이 필요해진 거다. 그렇게 탄생한 신상이 바로 '마누라'라는 버전이다. '엄마 + 창녀 = 마누라'라는 얘기다. 이래저래 손이 많이 가는 게 남자란 존재다. 이상하게 들릴 수도 있겠지만, 엄마에게 섹스를 요구하지 않는다는 사실 정도로 만족해야 할 수도 있다.

여기서 사고를 조금만 더 확장해 보자. '남자에게 여자는 창녀 아니면 엄마'라는 정의를 '남자에게 여자는 '섹스 파트너' 아니면 '구원자'라는 뜻으로 받아들일 수도 있다. 남자는 여자에게서 구원을 기대할 수 있다. 도스토예프스키의 《죄와 벌》에 나오는 소냐처럼 남자는 여자에게서 위안과 안식을 얻을 수 있다.

그럼, 여자에게 남자는? '섹스 파트너' 아니면 '자식'이라는 등식이 성립된다. 얼핏 보면, 엄마의 단순대칭이 자식인 것 같지만 그렇지 않다. 여자에게 남자는 구원자가 될 수 없다는 의미이기 때문이다. 단언하건대, 여자는 남자에게서 안식을 얻을 수 없다. 물론, 이것은 내 개인적인 경험에 입각해 내린 결론이다. 여자에게 안식을 줄 수 있는 남자는 예수나 부처뿐이다. 아, 마호메트도 추가해야 하나?

어쨌든 그래서 어느 종교나 여자 성도가 많은 것이다. 간혹, 섹스 파트너도 아니고 자식도 아닌 '친구'로서 남자란 존재가 나타날 수도 있지만 그건 정말 행운과도 같은 일이다.

자, 그러니 이 땅의 미혼 여성들이여! 부디 남자에 대한 환상에서 깨어나기 바란다. 아직도 남자들에 대한 환상을 가진 여자들을 위해 재미있는 내용을 하나 소개한다. 《말을 듣지 않는 남자 지도를 읽지 못하는 여자》의 저자로 국내에서도 유명한 엘런 피즈와 바바라 피즈의 연구 결과다. 이에 따르면, 남자들이 여자들에게 바라는 욕망을 크게 네 개의 덩어리로 나눌 수 있다.

첫째, 섹스(세상의 남자들에게 이것은 영원불멸의 화두일 것이다)

둘째, 기본 서비스(요리, 빨래, 식사 등의 기본적인 가사 서비스에 더해 자녀양육까지 포함한다)

셋째, 최고의 남자로 대접받는 것(남자들에게 기운을 북돋아 주는 것을 말한다)

넷째, 자기만의 시간을 방해받지 않는 것(딱 사춘기 청소년의 모습이다)

첫 번째 조건을 제외한 나머지 세 가지는 청소년 시절 엄마를 통해 해결했거나 해결하기 위해 싸워 왔던 욕망들이다. 이 세 가지 욕망에 섹스를 추가한 여성, 남자들은 바로 그런 여성을 원하는 것이다. 다시 말해, 남자들은 '엄마'와 '창녀' 둘 다를 원하는 것이다.

지금부터 '섹스할 수 있는 엄마'의 개념을 머릿속에 꼭 집어넣고 이 책을 읽어 주기 바란다. 그것이 바로 남자가 원하는 가장 이상적인 여인상이니 말이다.

오빠의 두 번째 질문

사랑이 뭐라고 생각해?

2

동생의 후배 중에 '미친 X'이 하나 있다. 그녀는 클럽에서 만난 여섯 살 어린 남자와 사랑에 빠졌다. 그 남자는 아직 군복무를 마치지도 않았으며, 독일에서 유학중인 상황! 당시 후배는 패션지 기자 생활을 하고 있었다.

그냥저냥 끝났다면 스쳐 지나간 인연 중 하나로 기억되었을 것이다. 그러나 그게 아니었다. 남자가 끈질기게 구애를 했고, 마침내 후배도 마음이 흔들렸다. 시부모가 될 거라 확신했던 남자 쪽 부모의 동의하에 그 후배는 용기 있게 독일로 날아갔다. 당연히 직장은 그만둬야 했고, 그로써 모든 커리어는 단절됐다.

사랑이었다. 사랑 하나 믿고 낯선 독일로 간 그녀는 무엇이 되었을까? '밥순이'가 됐다. 나중에 그 남자의 남동생까지 독일로 유학을 오는 바람에 졸지에 두 남자의 밥순이로 지내게 되었다. 사랑을 했기에 모든 걸 포기하고 독일로 날아간 그녀. 하지만 사랑 하나만으로 모든 걸 해결할 수는 없었다. 경력은 단절됐고, 친구도 없었으며, 할 일도 없었다. 오직 전기밥솥에 쌀을 넣는 일을 했을 뿐……. 말도 전혀 통하지 않았고, 보이는 거라곤 오직 남자친구의 등짝 밖에 없었다.

그렇게 2년 동안 밥순이로 살다가 한국으로 돌아왔다. 여섯 살 연하의 남자친구? 당연히 헤어졌다. 독일로 날아간 지 반 년도 안 돼 남자친구의 사랑은 김장철 소금 뿌린 배추마냥 시들해졌다. 그리고 나머지 1년 반 남짓 기간은 정확히 그 남자의 사랑이 빠져 나간 공간만큼을 후배의 집착이 채워 넣은 시간이었다. 집착을 채워 넣고, 우겨 넣고, 억지로 밀어 넣었던 안타깝고 불안하기 짝이 없던 1년 반 동안의 시간. 한동안은 '미련'(미련으로 쓰고, '본전생각'이라고 읽어야 할 것이다)으로 버텼지만 그녀는 결국 이건 아니란 생각을 하게 됐다. 그리고 한국으로 돌아왔다.

"미친 거지. 나이를 생각해야 할 거 아냐? 그게 어디 가당키나 한 조합이야?"
"사랑이라면서? 네 후배 배웅할 때까지만 해도 다들 '세기의 로맨스'라고 칭찬했었잖아?"
"그, 그래도 현실이란 게……."

이미 너무 많은 걸 알아 버린 나이 30대. 몰라도 죄가 되고, 알아도 죄가 되는 나이다. 심오하지 않은가? 그래서 그런지 그녀들은 적당한 가식과 적절한 거리감각, 유연한 균형감각을 갖게 된다. 알아도 모르는 척, 몰라도 아는 척, 알면서도 순진한 척하는 것인지도 모른다. 그런 게 없다면? 앞으로 살아가기가 조금 힘들 것이다. 그런 그녀들이었지만 그 '미친 X'의 파격적인 행보 앞에서 왠지 마음이 설렜을 것이다. 그래서 겉으로는 만류하면서도 속으로는 응원했을지 모른다. 그 심정을 알 것 같다. 그녀들에게는 아직 '사랑'에 대한 희망이 남아 있었던 것이다.

동생과 그녀의 친구들에게 질문을 던졌다.

"니들은 아직 사랑을 믿어?"

난리가 났다. 왜? 사랑에 대한 경험으로 무장한 대단한 철학이 나올 것 같지만 절대 그렇지 않다. 그들은 '쿨'하게 말했다.

"이젠 사랑보다 조건이지."

말은 그렇게 한다. 그렇지만 그들은 여전히 멜로영화를 보고, TV드라마에 빠져 산다. 현실을 포기한 대신 미디어가 만들어 내는 그런 가짜 판타지를 통해 대리만족을 한다. 판타지를 보충한다는 표현이 더 맞을 것 같지만, 내가 보기엔 이들은 판타지의 보급 없이는 생존할 수 없는 존재들이다.

거기까지라면 나도 이해를 하고 넘어갈 수 있겠는데, 이게 무의식적으로 그들의 발목을 잡아채고 있다는 것이다. 글을 읽기 전부터 세뇌되어 있던 소위 '신데렐라 콤플렉스'나 '사랑 지상주의' 같은 건 어렸을 때의 일이고, 이제는 사랑보다 조건이라고 그녀들은 당당하게 말한다. 그러면서도 어느 순간 '사랑'을 입에 올린다. 아니, 입에 올리지 않고도 그 '사랑'에 대한 아쉬움을 토로한다.

"(사랑도 포기했는데) 조건이라도 좋아야지."

"아무리 조건이 좋아도 최소한 어떤 '교감' 같은 게 있어야 하지 않을까? "

동생에게 다시 물었다.

"너, 사랑이 뭐라고 생각해?"

Dear Olivia.

사랑은 정신병이다.
평생 고칠 수 없는……

- ♥ **사랑에 빠지는 일은 두뇌에서 일어나는 일련의 화학반응이며, 그 증세는 정신병과 흡사하다.**(인류학자, 헬렌 피셔)
- ♥ **사랑은 종의 존속을 성취하기 위해 인간을 상대로 벌이는 지저분한 술수다.**(소설가, 서머싯 몸)
- ♥ **인간은 사랑을 하지 않고는 살 수 없는 생물이다.**(사회심리학자, 에리히 프롬)

인류학자, 소설가, 사회심리학자가 각각 사랑에 대해 정의한 말이다. 하나씩 살펴보자. 우선, 과학적인 측면에서 짚어 보는 게 좋을 것 같다. 헬렌 피셔의 연구 결과를 보면, 사랑에 빠진 사람의 뇌 상태는 코카인을 흡입한 사람의 그것과 상당히 비슷하다고 한다. 첫눈에 반했을 때 우리의 두뇌는 다량의 도파민dopamine과 노르에피네프린norepinephrine을 분비한다. 이 상태는 마약을 복용했을 때와 비슷한 황홀경에 빠지게 한다. 그 결과, 마치 마약에 취하듯 사랑에 빠지게 되는 것이다!

여기서 잠깐! '이런 사랑은 인간에게만 주어진 특권이 아닌가? 이건 운명이야!' 이렇게 변명할 수도 있겠지만, 미안하게도 사랑은 인간만의 '특권'이 아니다. 숫양의 사진만 봐도 암양의 노르에피네프린 수치가 급격히 높아졌다. 사막들쥐의 일종인 프레리독 암컷 주위에 수컷의 소변을 뿌리자 도파민과 노르에피네프린을 다량으로 분비하는 것이 확인되기도 했다. 다시 말하지만, 사랑은 인간만의 전유물이 아니란 의미다.

"사랑이 사람만의 전유물이 아닌 건 인정해. 그렇다고 이게 운명이 아니라고는 말 못하겠어. 20년 넘게 다른 환경에서 자란 남녀가 서로 첫눈에 반하잖아. 그게 운명이 아니라면 도대체 뭐가 운명이겠어?"

계속 환상을 깨는 이야기를 해야겠는데, 소위 첫눈에 반하는 메커니즘은 포유류의 짝짓기 전략의 산물로 볼 수 있다. 포유류의 경우, 일 년 중 번식기가 얼마 되지 않기 때문에 빠른 시간 안에 짝을 찾고 그 짝과 '합체'해야 한다. 그리고 동시에 경쟁자도 제거해야 한다. 그러다 보니 그야말로 빛의 속도로 상대에게 반하고, 또 반하도록 유도해야 하는 것이다.

첫눈에 반하는 과정을 보면, 1천 분의 1초 만에 상대를 평가하는 그야말로 '즉흥적인' 과정이다. 믿기지 않겠지만 사실이다. 아일랜드 더블린의 트리니티 대학의 제프리 쿠퍼 박사가 독신 여성 78명과 독신 남성 73명을 대상으로 재미있는 실험을 했다. 실제 데이트에 앞서 실험 참가자에게 이성의 사진을 몇 초 동안 보여 준 다음 뇌가 어떻게 반응하는지 확인하는 방식이었다.

제프리 박사는 이 실험을 통해 로스트로메디얼rostromedial로 불리는 중앙 전전두엽 부위가 활발하게 움직이는 걸 발견했다. 더욱 놀라운 사실은, 이 전전두엽이 보편적 연애 상대가 아닌 '나에게 좋은 결혼 상대인지' 여부를 판단하는 데 영향을 미치는 부위라는 것이다. 이 말뜻을 잘 헤아려 봐야 하는데, 보편적으로 '예쁘거나' '잘생긴' 이성이 아니라 자신이 봤을 때 호감이 가는 사람을 고른다는 것이다.

실제로 피실험자들은 그로부터 며칠 후 스피드 데이팅을 통해 사진에서 본 이성과 이야기를 나누게 되었다. 이때 맨 처음 사진을 보고 호감을 느낀 이성과 스피드 데이팅을 했을 때의 호감도가 무려 63퍼센트나 일치했으며, 약 10~20퍼센트의 참가자들은 실제 연인 관계로 발전했다는 놀라운 결과를 얻게 되었다. 실험을 주도했던 쿠퍼 박사는 다음과 같은 결론을 내렸다.

사랑은 딱 한 번의 절정밖에 허락하지 않는다

"인간은 자신의 연인이나 결혼 상대를 결정할 때 매우 즉흥적이다. 대신, 로스트로메디얼이 이를 보완해 준다."

첫눈에 반한다는 건 운명이라기보다는 인간이 아니, 포유류가 개발한 고도의 진화 전략 중 하나인 것이다. '운명'이라고 보기에는 문제점이 너무 많다. 정말 운명이라면 평생 사랑하고 함께해야 하지 않을까? 유감스럽게도 인간의 사랑이 감정의 흐름대로 결말을 맞도록 내버려둔다면 십중팔구 '이별'로 끝날 것이다.

그 이유는 아마 다들 알고 있을 것이다. 우리의 사랑을 촉발시키고, 유지시켜 주는 뇌 내 호르몬 작용이 그야말로 '조만간' 끝나 버리기 때문이다. 그 기간이 얼마나 되냐고? 짧게는 몇 개월에서 길게 봐도 2년을 넘기기 어렵다. 보통 6~18개월 정도다. 그 후에는 어떻게 되냐고? '사랑했던 기억'을 가진 평범한 남녀 관계가 되는 것이다.

내가 헬렌 피셔의 말과 서머싯 몸의 말을 서두에 꺼낸 이유가 이제 좀 납득이 갈 것이다. 사랑이란 어쩌면 서머싯 몸의 말처럼 '더러운 술수'일지도 모른다. 무미건조하게 말하자면, 사랑은 인간이란 종을 유지시키기 위한 중요한 생존 전략의 하나라고 할 수 있다. 그렇다고 해서 사랑이란 감정을 폄하하자는 의도는 아니다.

사랑에 매몰되어 사랑 지상주의자가 되지는 말라는 것이다. 첫눈에 반한 상대를 보며 우리는 '운명'을 이야기한다. 그리고 자신의 사랑이 영원할 것이라며 열변을 토하기도 한다. 그러나 그런 사랑조차 언젠가는 사그라질 것이다. 아니, 그렇게 되도록 예정돼 있다. 사랑은 공기 중에 그대로 내버려두면 이별이란 이름으로 산화되어 버리는 안개와도 같은 것이기 때문이다.

물론, 예외적인 경우도 분명 있을 것이다. 인간사에 '절대'란 부사가 유효한 경우는 거의 없으니 말이다. 정정하자면, 사랑이 영원히 이어진다는 건 극히 드문 일이라고 말할 수 있다.

시중에 나와 있는 거의 모든 연애책의 핵심이 바로 이것이다. 이런 유 연애 책들을 잘 살펴보면 '사랑의 유한성'에 대한 분명한 인식이 있다. 그 절반 정도는 어떻게 하면 상대를 유혹할 수 있을까 하는 내용을 담고 있다. 나머지 절반 정도는 그 상태에서 어떻게 이 사랑을 유지하고 소기의 목적, 그러니까 '결혼'이라는 이름의 장기적 계약으로 끌고 가는가에 대한 '스킬'로 채워져 있다. 우리 모두는 그 사실을 무의식적으로 알고 있다. 그러면서도 차마 입 밖으로 내뱉지는 못하고 있다.

"모든 사랑은 단 한 번 절정에 이른 다음 곧장 이별이라는 종말을 향해 치닫는다."

절정에 이르는 속도를 가급적 완만하게 늦추는 것, 혹은 절정에 이른 다음 떨어지는 속도를 최대한 늦추는 것. 그것이 바로 연애의 기술이며 사랑의 기술이다. 그리고 절정에 이르기 직전이나 혹은 절정에 이른 다음 하향곡선을 그리기 전 여자들이 원하는 안정적인 약속, 즉 '결혼'에 이르는 것이 사랑의 완성이라고 믿는다. 드물게는 남자들 중에도 그렇게 생각하는 사람이 있다. '좀 더 노력해서 다시 한 번 사랑의 클라이맥스에 도달할 수도 있잖아?'

미안하다. 우리의 사랑은, 아니 뇌는 냉정하고 매몰차서 한 이성에 대해 딱 한 번의 절정만 허용한다. 우리가 다른 이성에게 눈이 돌아가고, 바람을 피우고, 두 이성 사이에서 고민하는 이유가 바로 여기에 있다.

장황하게 사랑의 유한성에 대해 이야기한 건 사람들이 사랑에 빠지고 나면 분별없이 내뱉는 그 '사랑하기 때문에'라는 말의 위험성을 경고하기 위해서다. 사랑은 지극히 예외적이며 비일상적인 감정 상태다. 따라서 그 감정 상태에 휘둘려 인생을 좌우할 만한

'결정'을 성급하게 내리지 말라는 것이다. 이 나이가 될 때까지 살아 보니 사랑이란 게 얼마나 위험한 감정인지 알게 된다.

사랑에 빠진 뇌는 코카인을 흡입한 뇌 상태와 비슷하다

너무 비관적인가? 이렇게 말은 해도 사랑이 인간에게 꼭 필요한 감정이란 사실은 나도 인정한다. 에리히 프롬의 책《사랑의 기술》을 보면, "인간은 사랑을 하지 않고는 살 수 없는 생물"이라는 말이 나온다.

이 문장 그대로다. 인간이란 종은 사랑을 떠나서는 살아갈 수 없는 존재다. 지금 사랑하지 않는다? 그렇다면 지나간 사랑의 기억의 힘으로 버텨 나가는 것이다. 그래서 사랑의 추억이 필요한 것인지도 모르겠다. 아니면, 추억 대신 새로운 사랑을 찾을 수도 있고…….

예전에 운 좋게도 배우 손창민과 인터뷰할 기회가 있었다. 그때 우리가 나눈 여러 가지 이야기의 주제 가운데 하나가 사랑이었다. 그의 주장은 단순했다. 이미 결혼한 유부남·유부녀라도 살짝살짝 마음이 흔들리는 건 어쩔 수 없다는 것……. 아니라면? 그건 사람이 아니거나 거짓말을 하는 것이라고.

배우자 아닌 다른 이성에 대한 '설렘'이나 '떨림'이 없다는 건 거짓말이다. 그 설렘이나 떨림을 행동으로 옮긴다면 그때부터는 개인의 문제가 아니라 가정 문제, 더 나아가 사회 문제가 될 것이다. 하지만 행동으로까지 옮기지는 않고 혼자 그 설렘이나 떨림을 간직한 채 다시금 일상으로 돌아가는 사람도 많다. 어쩌면 역설적으로 그런 설렘과 떨림이 결혼생활을 유지시켜 주는 것인지도 모른다.

그와 가졌던 인터뷰를 통해 나는 사랑에 대한 정의를 다시금 내리게 됐다. 우리는 언제나 사랑을 갈구하고 있고, 한 번 절정이 끝난 뒤에도 새로운 사랑에 대한 타는 목마름을 가지고 있다고 말이다. 그 목마름을 어떤 방식으로 해결하느냐에 따라 인생의 행로가 달라지거나 결정되는 게 아닌가라는 생각도 들었다. 결혼했다고 하더라도 어떤 식으로든, 그러니까 육체적으로든 정신적으로든 우리는 다른 '사랑'을 통해 타는 목마름을 해갈하는 것인지도 모른다.

인간은 태어날 때부터 죽을 때까지 혼자서는 살 수 없다. 그렇기에 누군가로부터 인정받고 싶어 하고 사랑받고 싶어 한다. 그 점 때문에 괴로운 게 바로 인간이다. 사랑의 고통? 이해한다. 그리고 부정하고 싶지 않다. 그게 사람의 힘으로는 어떻게도 해결할 수 없는 불가항력적인 일이라는 것 또한 인정한다. 그걸 탓하자는 게 아니다. 탓하거나 말린다고 들을 수도 없겠지만…….

내가 말하고 싶은 건 사랑의 속성이다. 사랑에 빠져 모든 걸 버리고 독일로 날아간 동생의 후배 이야기를 꺼낸 이유가 뭘까? 사랑을 하게 되면, 우리는 문장 앞 문단에 이런 어구를 붙이게 된다. '사랑하기 때문에……', '그럼에도 불구하고…….' 그 파괴력은 인생에 커다란 생채기를 낼 수도 있다. 혹은 인생 자체를 꼬이게 만들 수도 있다.

이제 30대에 들어섰다. 사랑은 '짧은 정신병'이라는 전제 하에서 조금만 신중하게 생각해 주길 바랄 뿐이다. 현실적이라고? 아니다. 이렇게 말해도 막상 사랑에 빠지면 내 충고가 들리겠는가? 코카인을 흡입한 상태에서 다른 사람의 말이 귀에 들어오겠는가?

MRI로 뇌를 촬영해 보면 사랑에 빠진 사람의 뇌 상태와 코카인을 흡입한 사람의 뇌 상태가 서로 매우 흡사했다. 누군가는 사랑에 대한 냉혹한 현실을 용기 있게 말해야 한다. 서머싯 몸의 말을 기억해두길 바랄 뿐이다.

사랑을 잃으면 또 다른 사랑을 찾게 돼 있어!

사랑에 대해 부정적인 이야기를 많이 했지만 인간은 사랑 없이는 살 수 없다는 말을 해 주고 싶다. 어쩌면 지금은 그다지 피부에 와 닿지 않을 수도 있다. 그러나 결혼을 하고 40대, 아니 꿈같은 허니문이 지나고 나면 뼈저리게 확인할 수 있다.

30대 후반, 40대 초반의 '아줌마'들을 많이 만나 봤는데, 이들의 '사랑관'을 듣고 처음에 그야말로 경악했던 기억이 있다. 솔직히 말하자면, 나는 이들에게 사랑이란 이미 용도 폐기된 단어라고 생각했다. 그러나 그렇지가 않았다. 여성에게 있어서 사랑이란 영원불멸의 화두였던 것이다.

나이 마흔이 넘어 여성으로서의 기능이나 '상품성'이 급격히 떨어지는 와중에도 그들은 애타게 사랑을 갈구했다. 정도의 차이, 성격의 차이, 환경의 차이에 따라 어떻게 표출되느냐 표출되지 않느냐의 문제는 있겠지만 기본적으로 그들은 사랑을 찾고 있었다. 에리히 프롬의 말처럼 인간은 사랑 없이는 살 수 없는 존재였던 것이다. 다음은 당시 40대에 막 진입한 한 여자 선배의 증언이다.

"…… 그런데 가끔 그걸(사랑) 잊어. 결혼하면 남편이 날 영원히 사랑해 줄 거다, 나도 남편을 영원히 사랑할 거다, 착각을 하는 거지. 또는 세월이 흐르면 사랑을 갈구하는 내 몸도 진정이 되고 아예 목석이 되어 버릴 거다, 생각하는데 둘 다 틀렸어. 사랑은 영원하지도 않고, 우리 몸은 사랑에 있어서만은 목석이 되지도 않아. 대신, 또 다른 사랑을 찾게 돼 있어. 바로 그 지점에서 갈등이 생기는 거야."

이들이 있기에 TV에서 주야장천 방영되는 식상하기 그지없는 판타지 멜로드라마가 대박을 터뜨리는 것이라고 생각했다. 처음에 나는 이들이 TV에 나오는 달달한 멜로드라마를 통해 '갈증'을 해갈하는 것이라고 생각했다. 한데, 알고 보니 이들은 좀 더 현실적인 '해결책'을 찾고 있었다. 사랑했던 과거를 추억하며 오늘을 버틴다는 것이지.

이 말인즉슨, 사랑할 수 있을 때 충분히 사랑을 하고, 그 기억을 차곡차곡 추억의 창고에 저장해 두라는 의미다. 다시 말해, 이들은 그 추억의 힘으로 일상의 고단함을 버텨 내고 있었던 것이다. 그러다가 이 추억의 창고가 고갈되고 나면? 그다음은 비현실적인, 아니 너무도 현실적이어서 오히려 비현실적으로 느껴지는 방법을 선택하게 된다. 바로 다른 '사랑'을 찾는 것이다.

인간은 밥만 먹고는 살 수 없는 존재일까? 사랑은 인류의 영원한 화두라는 의미를 확인하는 순간이다.

오빠의 세 번째 질문

남녀 관계가 뭐라고 생각해?

3

"오빠, 남자 별거 없지? 착하고
능력 있으면 되는 거지?"

언제나 이런 식이다. 조언을 구하는 척하면서
동의를 요구하는 화법. 질문 속에 답이 있다고 해야 하나?

내 동생 올리비아는 서른이 넘어서야 현실을 제대로 바라보기 시작했다.

아마 그 무렵부터였을 것이다. 사랑 타령 대신 조건에 대해 이야기하고, 남녀 관계에 회의감이 든다고 푸념하기 시작한 것이……. 그러면서도 그녀의 말 속에는 아직 다 지워 내지 못한 아쉬움이 남아 있었다.

침묵에는 많은 말이 숨어 있다. 비트겐슈타인이 이야기하지 않았던가? "말할 수 있는 것은 명료하게 말하라. 그러나 말할 수 없는 것에 대해서는 침묵하라."라고. 말할 수 없는 것들이 많음에도 불구하고 나는 지금 조심스럽게 말을 이어 나가고 있는 중이다.

올리비아는 아직 진실에는 근접하지 못한 것 같다. 순진한 건지, 순진한 척하는 건지……. 그 나이 또래라면 기본적으로 알아두어야 할 '상식'이란 게 있지 않은가? 20대에 꼭 열병 같은 사랑을 앓아야만 알 수 있는 것이 아니다. 수많은 연애 관련 책자나 일간지 · 월간지 등에서 밑반찬처럼 내놓는 연애상담 코너나 여성 전용 포털사이트의 각종 댓글만 봐도 그런 상식쯤은 얼마든지 확인할 수 있지 않은가.

남자와 여자가 만나 사랑을 하고, 연애를 하고, 그러다가 서로 생각이 통하면 하루 날 잡아 결혼하는 것까지는 지극히 명쾌하고 하나도 복잡할 게 없는 이야기다. 그런데 이 관계의 본질은 뭘까? 관계를 유지하는 원동력이 '사랑'이라는 이야기나 남녀가 육체적으로 결합하기 이전에 정신적인, 그러니까 일종의 '화학적 결합'이 전제된다는 식의 관계는 원론적 이야기도 지겹다. 그래서 직구를 던져 봤다.

나 넌 남녀 관계의 본질이 뭐라고 생각해?

올 뭐긴 뭐야. 남자랑 여자가 만나서 서로 사랑하고, 결혼하고, 행복하게 사는 거지……. 무슨 소리를 하고 싶은 건데?

나 진실.

Dear Olivia.

남녀 관계는 영업 아니면 연애야

한 매체의 편집장은 남녀 관계를 "영업 아니면 연애"라고 쿨하게 정의했다. 뒤통수를 맞는 느낌이었다. 우리의 모든 관계는 '영업'을 기반으로 하고 있다. 인정할 수 없다고? 곰곰이 생각해 보기 바란다.

네가 알고 있는 '좋은 친구'들의 모습을 한 번 떠올려 보라. 그들을 만나는 이유가 뭔가? 바로 너에게 뭔가 '이익'이 되기 때문이다. 일테면, 감정적인 위로를 얻기 위해서일 수도 있다. 아니면, 경제적인 혜택 같은 것을 바라서일 수도 있다. 하다못해 커피 한 잔이라도 말이다. 즉, 사람은 누구나 자신에게 이익이 되기 때문에 다른 누군가를 만나는 것이다. 어떠한 인간관계라도 그 본질을 살짝만 파고 들어가면 그 삽 끝에 '영업'이란 녀석이 걸려 나온다는 말이 된다. 그리고 그 영업의 본질이 '갑을 관계'라는 건 사회생활을 조금이라도 해 본 사람이라면 누구나 알고 있는 상식이다. 아무리 평등한 친구 사이라도 미묘하게나마 갑과 을이 규정된다.

논의를 조금만 더 진전시켜 보자. 가족관계는 어떨까? 역시 별반 차이는 없을 것이다. 당시 편집장은 '연애'에 초점을 맞춰 다음과 같이 주장했다.

"모든 인간관계는 '영업'을 기반으로 하고 있다. 즉, 상대방에게 뭔가 바라는 게 있기 때문에 그를, 혹은 그녀를 만나는 것이다. 그러나 연애는 조금 다르다. 연애를 하는 순간 우리는 이익을 떠난 순수한 '인간관계'를 형성하게 된다."

'연애'에 방점이 찍힌 정의인 것이다. 그러나 나는 '영업'에 방점을 찍고 싶다.

"모든 인간관계는 영업이다."

사랑이란 감정도 좀 더 깊이 파고 들어가 보면 어떤 '이익'이 오고가는 관계라는 것을 알게 된다. 다만, 그 이익이 형이상학적인

가 형이하학적인가의 차이만 있을 뿐이다. 누군가에게 뭔가 해 주면 상대방도 자신에게 뭔가 해 주길 바라는 게 사람이다. 인지상적이라는 얘기다. 사랑이란 감정도 마찬가지다. 내가 사랑하는 만큼 상대방도 내게 사랑을 표현해 주길 원하는 것이 당연하다. 연인들이 자주 쓰는 "사랑해"라는, 세 글자의 짧은 한 문장 안에는 '그러니까 날 사랑해 줘.' 혹은 '날 더 많이 사랑해 줘'라는 의미가 숨어 있다. 의도하든 의도하지 않든 말이다. 사랑에도 '거래'와 '요구'가 명확히 존재하는 것이다. 그렇다면 남녀 관계의 본질은? 다음과 같이 간단하게 정의내릴 수 있다. '거래.'

인류 100만 년의 진화 역사를 돌이켜 보면 남녀 관계는 기본적으로 거래로 형성되었고, 지금까지도 거래로 이어져 내려오고 있다. 남자는 자원으로 대표되는 '재화'를 여자에게 내밀고, 여자는 섹스로 대표되는 '서비스'를 거래의 매개체로 들이미는 것이다. 한마디로 남녀 관계란 '자원과 섹스의 교환'이라고 규정할 수 있다. 진부한 정의지만, 어쩌겠나? 이게 진실인 걸. 이 거래의 부산물이 바로 우리가 지금 쓰고 있는 '언어' 즉, 말이다.

남녀 관계의 본질은 '자원'과 '섹스'의 교환이자 거래다

많은 언어학자와 진화심리학자들이 언제부터 인간이 언어를 사용했는지 연구한 결과, 그 시작을 대략 10만 년 전쯤으로 추정했다.

재미있는 건 그다음이다. 인간이 언어를 발전시킬 수밖에 없었던 이유가 그것이다. 여기에는 많은 이론들이 있는데, 그중에서 가장 설득력을 얻는 것이 '남녀 간의 교섭 방법' 이론이다.

여성에게 있어서 임신과 출산은 생명을 담보로 한 모험이다. 의학기술이 발달된 지금도 여전히 모험이다. 양수가 혈관 안으로 들어가 혈관을 막는 양수색전증에 걸리는 날엔 생명의 탄생이 곧바로 죽음으로 이어질 수도 있으니까.

아니, 하다못해 생리만 하더라도 엄청난 '출혈'을 담보로 한다. 그리고 이를 보충하기 위해서는 상당량의 '철분'이 필요하다. 철분은 어떻게 얻을 수 있을까? 이걸 보충해 주기 위해서는? 남자들이 가져오는 고기가 필요했다.

여기서 대두된 현실적인 문제가 임신과 출산을 하는 동안에도 '고기'와 '보살핌'을 남자들이 지속적으로 제공할 것인가 하는 문제다. 여자들에게 이것은 그야말로 목숨을 걸어야 하는 문제였다. 따라서 여자들은 남자들을 대상으로 교섭(혹은 협상)에 들어가야 했다. 이때 필요한 것이 '말'이었다. 그리고 그 조건이란 것이, "내게 꾸준히 재화와 안전을 제공해 주면, 나는 너에게 지속적인 섹스를 공급해 주겠다. 즉, 너에게 내 성기 사용의 독점권을 인정해 주겠다"라는 '독점권'의 인정이었다.

이 지점에서 주목해야 할 점이 하나 있다. 즉, 여자와 남자의 언어 구사력 차이다. 당시의 여자들은 협동 체계의 수집과 채집생활을 했던 반면 남자들은 사냥을 했다. 이 사실을 먼저 명확히 인지하고 있어야 한다. 아무튼 여자들은 수집과 채집을 주로 하다 보니 언어 체계가 비약적으로 발전하게 되었다.

반면 남자들은 사냥을 주업으로 삼았기에 되도록 말을 줄여야 했다. 사냥감 앞에서 떠들면 어떻게 되겠는가? 사냥감이 도망가지 않겠는가? 그럼에도 불구하고, 남자들은 여자들과 교섭하기 위해 더듬거리는 말로 그들에게 접근했던 것이다. 오늘날 여자들이 하루 평균 2만 5,000단어가 넘는 어휘를 사용해 대화하는 데 반해 남자들은 정확히 그 절반 수준인 1만 2,500단어 정도로 소통한다. 그러니 어찌 남녀 사이에 언어 구사력의 차이가 생기지 않을 수 있겠는가. 우리의 뇌와 몸은 100만 년 전의 그것과 별반 달라진 게 없다. 이 점을 인정하고 넘어가자.

서설이 길었는데, 간단히 정리해 보자. 인류 100만 년의 역사 동안 남녀 관계의 본질은 근본적으로 달라지지 않았다. 남자의 자원과 여자의 섹스의 교환, 그것이 남녀 관계의 본질인 것이다.

물론 아니라고 부정할 수도 있다. 그리고 실제로 아닐 수도 있다. 세상에 '절대'란 부사가 오류 없이 적용될 수 있는 경우는 거의 없으니까. 그러나 그런 경우는 극히 드물다.

기본적으로 남녀 관계의 본질은 거래다. 거래라는 말에 화들짝 놀라 "나는 그렇게 속물적인 여자가 아니다"라고 반박하고 싶다면 얼마든지 그래도 좋다. 이상적이고 고매한 '사랑의 완성'을 생각하는 순수하고 아름다운 마음을 가진 사람도 잘 찾아보면 한두 명쯤 있을 테니 말이다. 그렇지 않다면? 그래도 상관없다. 그게 모든 사람들의 마음이니까. 그 '불편한' 마음에 작은 위안거리 하나를 던져 줄까 한다.

진화 심리학자인 데이비드 버스가 37개 문화권에 사는 1만 47명을 대상으로 대규모 짝짓기 선호도 연구를 실시한 적이 있다. 버스는 현대와 고대 문화권, 사회주의와 공산주의, 자본주의, 단혼, 중혼, 온갖 종교적 교파들의 남녀를 모아 연구했다. 그 결과, 여성은 남성에 비해 상대의 자원을 평균 두 배 더 높게 평가했다는 충격적인 사실을 확인했다. 남성이 가진 여러 조건들 중에서 말이다.

버스는 미국인 1,491명을 대상으로 동일한 연구를 수행했는데, 역시 똑같은 결과를 얻었다. 그야말로 '확인 사살'이다. 여성은 다른 무엇보다도 남성의 자원을 높이 평가했던 것이다.

여기에 앨런 피즈의 연구도 덧붙여야겠다. 그녀는 잡지와 신문 구인란에 실린 광고 1,295건을 스크랩해 면밀히 분석해 보았다. 그런데 놀랍게도 여성이 재정적 자원을 바람직한 자격 요건으로 지정한 사례는 남자보다 무려 11배나 많았다고 한다. 반면 남자의 경우 여자의 건강과 젊음, 미모를 선호한다는 결과가 나왔다.

간단히 정리하자면, 남녀 관계에 얼마간의 '비이성적 기간' 그러니까, 소위 말하는 사랑이 개입되는 기간이 존재할 수는 있다. 이 기간을 '관측 기간'이라고 생각하라. 그러나 결혼을 전제로 한다면, 남녀 관계의 본질은 자원과 섹스의 교환인 거래이며 영업이다. 그러니 순수나 사랑을 찾으며 괴로워하지 마라. 거의 모든 사람들이 그렇게 생각하며 살고 있다.

결혼은 도박이라는 사실을 잊지 마라

고백하건대, 30대 초반까지만 해도 나는 '진실한 사랑'이란 것을 믿었다. 조건이나 주변의 시선보다는 '사랑'이라는 본질 그 자체에 충실한, 이른바 진정한 사랑이란 것이 있다고 생각했다. 사실, 지금도 그 믿음에는 변함이 없다.

다만 한 가지 변한 게 있다면, 그 '진정한 사랑'이란 것이 지극히 희박한 확률로 나타난다는 점이다. 〈조제 호랑이 그리고 물고기들〉이란 영화의 결말을 보면 진정한 사랑임에도 불구하고 그 결말은 매우 현실적이고 가슴 아프다. 그러나 그것이 현실이다.

사랑과 사랑 주변부를 떠도는 여인들을 만나며 차츰 하나의 경험칙으로 완성되어 갔다. 그 내용은 간단하다. 즉, '여자는 똑똑하다'라는 사실. 기본적으로 서른 넘어가면, 아니 그 이전에 이미 여성들은 본능적으로 조건을 확인한다. 이건 거의 무의식적인 반응이다. 그런 다음 사랑에 빠질 준비를 한다.

'사기 결혼'이란 말이 왜 나왔겠는가? 사랑한다면, 조건을 속였다고 나중에 클레임을 걸 이유가 없지 않은가? 그 순간만은 사랑했던 게 사실 아닌가? 물론, '거짓말'했다는 건 분명 중대한 결격사유다. 그러나 '사랑했기 때문에 널 놓칠 수 없었다'라는 논리를 들이민다면 반박할 논리가 궁색해진다.

지금 그 조건 논리를 비난하자는 의도는 전혀 없다. 결혼은 남성보다 여성에게 더 중요하다는 사실을 인정한다. 사회가 아무리 변했다지만 여자에게는 일생이 걸린 문제다. 그런 터라 수많은 상황 변수까지 꼼꼼히 체크해 가며 결혼을 하는 것이 여성이다. 그렇지만 결국은 '도박'이다.

도박의 함정이 뭔지 아는가? 거의 대부분 돈을 잃는다는 것이다. 그럼에도 불구하고, "조건과 사랑 중 뭘 택해야 해?"라는 식의 우문愚問을 던진다면 나는 주저 없이 '조건'이라고 말할 것이다. 조건을 포함한 사랑이란, 다시 말해 조건이 사랑을 만들어 낼 수도 있다는 논리가 아닌가? 실제로 상당수의 여성들도 이 논리에 공감할 것이다.

이에 대한 재미있는 연구 결과를 하나 소개할까 한다. 2008년 뉴캐슬대학 진화심리학자 토머스 폴레트와 대니얼 네틀은 중국의 유부녀 1,534명을 대상으로 설문조사를 실시했다. 연구의 목적은 간단했다. 즉, "배우자의 수입이 많을수록 여성은 오르가슴을 느낄 확률이 높다"라는 가설을 확인하는 것이었다. 얼핏 들으면 말도 안 되는 가설 같은데, 연구 결과는 그야말로 충격적이었다.

정확히 가설대로, 남편의 소득이나 부가 많아짐에 따라 오르가슴의 빈도도 그에 비례해서 증가했던 것이다. 말하자면, 조건을 사랑한다고 해야 할까? 아니면, 조건을 포함한 사랑인 걸까? 섹스와 사랑이 똑같다고는 말할 수 없지만 그렇다고 떨어뜨려 놓고 설명할 수도 없지 않은가? 조건이 괜찮다면 여자는 더 많은 행복을 느낄 가능성이 높고, 결과적으로 더 많은 사랑을 확인하게 될 것이다. 역시 남자는 '능력'인가?

오빠의 네 번째 질문

남자를 만나려는 목적이 뭐야?

4

"왜 남자들은 나같이 괜찮은 여자를 쳐다보지도 않는 걸까?"

올리비아의 뜬금없는 소리에 순간, 나는 난감해졌다. 아, 이럴 땐 무슨 말을 해 줘야 하지? 잠깐 거울을 보고 나서 이야기하자고 해야 할까? 진짜로 그렇게 말했다간 생물학적인 남매 관계까지야 어쩌지 못하겠지만 법적인 남매 관계에는 커다란 위기가 찾아올지도 모르겠다.

나 왜 남자를 만나려고 하는데?

올 …… 그걸 지금 말이라고 해? 나이 든 여자가 남자를 만나고 싶어 하는 건 지극히 당연한 일 아냐?

나 그러니까 내 말은, 남자를 만나서 뭘 어떻게 하려는 거냐고……. 감정적인 교류? 육체적인 욕구의 해소? 아니면, 안정적이고 장기적인 관계?

올 무슨 소리야? 쉽게 좀 말해 봐.

나 쉽게 말해서, 연애를 원하는 거야? 섹스를 원하는 거야? 아니면, 결혼 상대를 찾는 거야? 목적부터 분명히 해.

올 아니, 남자를 만나는 데 이유가 어디 있어! 이 나이에 사랑 찾겠어? 조건만 맞으면…….

나 그 말 진심이야? 맹세할 수 있어?

올 진심이야!

진심이었으면 좋겠다. 아니, 그 전에 남자를 만나려는 목적이 확고하다고 믿고 싶다. 내가 만난 여자들을 보면 대부분 남자를 만나는 목적이 불분명하다. 하긴, 인간의 감정이라는 게 천변만화千變萬化의 성질을 가지고 있고, 사랑이라는 게 어디로 튈지 모르는 상황이니 그들도 어쩔 수 없을 것이다. 마약중독자와 같은 행동 패턴이지 않은가?

그들에게 목적을 말하고, 감정을 컨트롤하라는 말, 무리가 있다는 건 나도 잘 안다. 그렇지만 벌써 30대가 아닌가? 결혼이라는 인생의 가장 중요한 행사나 그걸 전제로 한 만남에서 감정보다는 이성을 먼저 생각하라는 건 너무도 당연한 충고가 아닐까? 그래서 난 목적 없는 만남을 이해할 수 없다.

Dear Olivia.

인생은 B와 D 사이의 C의 문제야!

사르트르가 했던 꽤 유명한 말이 있다.

"인생은 B(birth)와 D(death) 사이의 C(choice)의 문제다."

우리의 인생은 어쩌면 '선택의 총합'이라고 할 수 있다. 어제의 선택이 오늘을 만들고, 오늘의 선택이 내일을 만든다. 남자도 마찬가지다. 선택을 해야 한다. 좀 더 정확히 말하면 단순한 선택이 아니라 '결단'을 해야 한다.

사람들은 종종 착각을 한다. 즉, 비슷비슷한 것들 중에서 더 나은 게 무엇인지 자신의 취향에 따라 고르는 행위로 '선택'을 바라보는 것이다. 물론 전자제품이나 자동차를 고르는 거라면 그렇게 말할 수도 있겠지만, 이건 남자를 선택하는 문제다. 인생이 걸린 문제라는 뜻이다. 이런 경우에는? 단순히 A냐 B냐의 문제가 아니라 A를 선택함으로써 잃을 수 있는 모든 걸 이해하고, 인정하고, 납득해야 하는 문제다.

일처다부제가 아닌 이상 두 가지를 다 고를 순 없잖은가? 그럼에도 불구하고 어느 시점에 이르면 '아, 그때 B를 선택했다면 어땠을까? 그랬다면 내 인생은 달라지지 않았을까?' 이런 후회를 하는 것 또한 사람이다. 선택과 후회는 한 세트로 묶여서 나오는 '1+1 상품'인 것이다.

물론 그중에는 '이 선택을 후회하지 않도록 노력하겠어'라며 스스로에게 주문을 거는 사람도 있을 수 있다. 그런 걸 두고 우리는 '위대한 정신의 승리'라고 이야기한다. 어쩔 수 없다. 가 보지 않은 길에 대해 끝없는 미련을 갖는 것, 그것이 바로 인간의 본성이란 걸……. 다 알지 않는가.

그렇다면 어떻게 해야 할까? 우선, 단호히 결단해야 한다. '이걸 선택함으로써 잃을 수 있는 기회비용을 모두 확인했고, 그걸 버릴 각오가 돼 있어'라고.

이게 결단이다. 납득이란 프로세스다. 이 결단을 하기 위해 필요한 게 뭘까? 우선 선택할 A와 B가 있어야 한다고? 물론 그렇겠지. 그러나 그 전에 해야 할 게 있다. 즉, 어떤 A와 B를 선택의 범주에 넣느냐 하는 것, 즉 판단의 기준을 정하는 일이다. 그리고 선택하기 이전에 무엇보다 목적이 분명해야 한다. 그래야만 선택의 과정이 매끄럽게 진행될 수 있다. 다시 묻겠다.

"남자를 만나려는 목적이 도대체 뭐야?"

십중팔구 안정적인 생활환경, 그러니까 '결혼'이라고 말할 것이다. 만약 섹스라고 말한다면 지금 당장이라도 남자를 붙여 줄 수 있다(200퍼센트 장담해! 네 육체적 갈증을 해소시켜 줄 남자를 당장 네 앞에 데려다 줄 수 있어!). 이때 어정쩡한 마음가짐은 안 된다!

"난 결혼할 거야. 결혼을 위해 남자를 만날 거야!"라는 결론을 내려야 한다. 연애를 하다 좋아지면? 혹은 가볍게 만나다 좋아지면? 그런 경우의 수 따위는 머릿속에서 지워 버려야 한다. 그러기엔 네 자궁의 유효기간이 너무 짧다.

다시 한 번 분명히 말하는데, 사랑을 폄하하거나 그 감정 자체를 매도하고 싶은 생각은 추호도 없다. 사랑을 하려고 한다면, 사랑만 하기 바란다. 가끔 사랑의 '순수성'을 이야기하다가 갑자기 그 사랑에 더해 뭔가를 요구하는 사람이 있다. 부인할 수 있는가?

한 번 지나간 남자들을 떠올려 보라. 순수한 사랑이라면, 부디 사랑만 하기 바란다. 다시 말해, 그 사랑에 뭔가를 더 얹으려고 하지 말라는 것이다. 그 순간, 사랑은 변질되고 만다. '사랑 + 조건 = 행복.' 이게 일반적인 여성들의 공식인데, 사랑에 조건을 결합하는 순간 그들이 말하는 그 순수한 사랑은 사라져 버린다. 진짜 사랑? 간단하다.

"난 좋은 조건을 가진 사람을 사랑할 수 있는 스킬이 있어"라고 말하라. 진짜 순수한 사랑은 문장의 맨 앞에 '그럼에도 불구하고'가 언제나 따라붙는다. 아무리 최악의 조건이라도 이걸 감내할 만한 각오와 열정, 그게 바로 순수한 사랑이다.

그러니 사랑이란 단어를 함부로 붙이지 마라. 사랑하는 사람과 결혼하겠다는 무의식적인 바람, 사랑을 버렸다는 죄책감, 사랑하는 사람이 나올지도 모른다는 불안감 같은 건 버려라. 그 사랑하는 사람은 '조건을 갖춘 사랑하는 사람'이겠지만 말이다. 차라리, "난 좋은 조건을 가진 사람을 사랑할 수 있는 스킬이 있어"라고 말하라.

각설하고, 어쨌든 목적이 확실해졌다면 그 목적에 맞는 '선택의 기준'을 만들어야 한다. 얼떨결에 남자를 만나서 이 남자가 내게 어떤 존재일까? 결혼을 할 수는 있을까? 이런 고민은 그만하자. 물론, 이렇게 말할 수도 있다.

"나 그렇게 눈 높지 않아! 어느 정도 수준만 맞는다면……."

그래, 눈은 높지 않다. 기준이 과연 어느 정도인가 하는 것이다. 어느 정도 생기고, 어느 정도 키 크고, 어느 정도 능력 있고, 어느 정도 집안 괜찮고……. 늘 궁금한 대목이었다. 그 '어느 정도'가 과연 어느 정도 선인 건가? 두루뭉술하다! 이제, 선택의 기준을 명확히 해야 한다.

정말 왕자님 같은 사람이 앞에 떡하니 나타날 확률, 물론 있긴 하다. 813만 분의 1의 확률인 로또도 맞는 경우가 있는데, 그런 경우가 분명 있을 것이다. 그러나 그건 말 그대로 로또다. 극히 예외적인 경우라는 얘기다.

한마디로 말해서 이 세상에 '왕자님'은 없다. 설사 그 왕자님이 나타난다고 해도 일종의 '체험판'일 뿐이다. 조금 사용하다 보면 기간 만료로 그 왕자님은 어느 순간 감쪽같이 사라져 버린다.

이 세상에 변하지 않는 건 없다. 더구나 사랑이라는 불완전한 감정은 더 쉽고 빠르게 변해 버린다.

앞에서도 말했지만 사랑이란 뇌 안에 존재하는 '마약 물질'의 장난질이고, 그 유효기간은 길어 봐야 24개월 정도다. 여자들이 아무리 내숭을 떨어도, 밀당을 해도 한계는 분명히 찾아온다. 그럼 어떻게 해야 할까?

간단하다. 왕자님은 포기하고, 현실적인 기준을 세우면 된다. 집안, 외모, 성격, 학벌, 능력 등등의 조건들을 세분화하고 객관화한 뒤 자기만의 기준을 만들면 된다. 이런 이야기 숱하게 들어 봤을 것이다. 시중에 팔리는 연애책에 기본적으로 다 나와 있는 내용이다. 남들이 똑같은 말을 반복적으로 한다면 증명되지 않았더라도 그게 일반적으로 통용되는 사실이라고 생각하면 된다.

여기서 걸리는 게 하나 있다. 좋은 선택을 하기 위해서는 인생의 경험, 즉 해당 분야에 대한 경험과 전반적인 인생 경험이 필요하다는 부분이다. 그런 게 있으면 좋겠지만 없는 경우가 더 많을 것이다. 두려운 마음, 이해한다. 20대 여성과 30대 여성의 연애 고민 상담을 하다 보면 일정한 패턴이 발견된다.

20대의 경우 가장 많이 나오는 질문이 "이 남자가 결혼을 하자고 하는데, 이 남자인지에 대한 확신이 없어요"다. 이럴 경우엔 확신이 없으면 결혼하지 말라고 말하면 된다. 모범답안이다.

확신을 갖기 위해서는 많은 경험이 필요하다. 그런데 그 경험이 없다면? 여기서 한 여인의 연애와 결혼담을 소개할까 한다. 그녀는 딱 서른 살에 결혼에 골인한다. 그러나 그 과정이 심상치 않다. 20대 초반에 격정적인 사랑을 하고, 정말 인생이 끝날 것 같은 실연을 겪게 된다. 그리고 결심을 한다. 그래, 그 남자란 '것'들을 한 번 만나 보자.

이후 그녀는 미친 듯이 남자들을 만나기 시작한다. 이 남자, 저 남자 가리지 않고 그야말로 닥치는 대로 남자들을 만난다. 그리고 30대의 문턱에서 이런 결론을 내리게 된다.

"남자, 별거 없구나. 다 거기서 거기구나."

이 결론 덕분에 그녀는 결혼을 결심할 수 있게 됐다. 우리 어머니들이 말하는 "남자, 다 거기서 거기다"란 말을 확인했던 것이다. 이 경험을 무겁게 받아들이기 바란다. 우리네 인생은 저마다 자기 '수준'에 맞게 이성을 만나게 된다. 물론, 아닌 경우도 있다. 그러나 그 결과가 끝까지 좋은 경우를 보지 못했다.

그래도 마음 끝자락에 남아 있는 '혹시나'라는 생각을 하는 사람이 있다면 줄리안 반스의 소설《예감은 틀리지 않는다》의 한 구절을 소개할까 한다.

인생에 문학 같은 결말은 없다는 것. 우리는 그것 또한 두려워했다. 우리 부모들을 보라. 그들이 문학의 소재가 된 적이 있었나? 기껏해야 진짜의, 진실된, 중요한 것들의 사회적 배경막의 일부로서 등장하는 구경꾼이나 방관자 정도라면 모르겠다.

우리의 인생에서 문학 같은 결말이 없다는 걸 두려워하기 전에 지금 당장 우리의 현실에 충실하기 위해, 그리고 보다 나은 결말을 내기 위해 환상을 버리고, 조건을 낮추고, 목적을 분명히 해야 한다. 이제 버려야 할 것을 과감히 버리고 목적에 충실해야 할 시간이다. 물론, 그 목적은 이 글을 읽고 있는 이들이 정해야겠지만 말이다.

여성의 몸엔 균형추, '자이로스코프'가 있단다

'그럼에도 불구하고'를 다시 꺼내야겠는데, 이렇게 한바닥 써 놓고도 별 걱정을 안 하는 것이 여성에게는 '자이로스코프gyroscope'가 달려 있기 때문이다. 정상적인 교육을 받고, 제대로 된 가정 환경에서 자란 여성이라면 결국은 돌아오게 돼 있다. 아니더라도 어떤 '본능'이 존재한다.

아무리 사랑 타령을 해도 결국엔 연애 따로 결혼 따로인 걸 여성들이 누구보다 잘 알고 있다. 여성의 몸에는 적절한 균형을 맞춰 주고, 제자리로 돌려 줄 '자이로스코프'가 달려 있다. 그러니 너무 겁먹지 않아도 된다. 때가 되면 다 선택하게 돼 있다.

그 선택의 이름은 '조건을 포함한 사랑'이다.

오빠의 다섯 번째 질문

결혼을 왜 하려는 거야?

5

"나, 결혼을 안 하는 걸까? 아니면 못하는 걸까?"

모든 문제의 답은 그 문제 안에 있다. 정말 마음 같아서는 그 정답을 말해 주고 싶다. "거울 안에 정답이 있어"라고. 실존주의 철학에서 말하는 그 '거울'을 포함해서 말이다. 그러나 이렇게 말했다간 대화가 곧 물리적인 충돌로 이어질 확률이 높다. 에둘러 말해야 한다.

나 **20대 때는 안 하는 경우가 많겠지만, 30대 때는 못하는 경우가 많겠지?**

올 **그때 그 오빠를 잡았어야 했나?**

나 **떠난 남자를 뒤돌아보진 마. 넌 싸구려가 아니잖아?**(이런 대사를 늘 준비해 두어야 한다. 과거의 남자나 연애 이야기가 나오면, 또다시 16부작 멜로드라마를 1회부터 라디오 드라마로 청취해야 한다. 방심해선 안 된다!)

올 **그…… 그렇지? 그런데 왜 나는 결혼을 못 하는 걸까?**

5월. 결혼 시즌이 시작되면 이런 식의 질문들이 날 엄습한다. 왜 이런 질문을 던지는 걸까?

나 **궁금한데, 왜 결혼을 하려는 거야? 혼자 살아도 좋잖아?**

올 **결혼한 인간들이 꼭 그런 말 하더라. 왜 그래? 다들 짰어?**

나 아니, 그게 아니라 꼭 결혼을 해야만 할 필요가 있냐는 거야. 넌 직장도 있고, 친구도 많고, 심지어 개도 키우잖아? 뭐가 부족한 거야?

올 남들 다 하잖아! 내가 뭐가 모자라 결혼을 못하냐고!

나 (강조) 개 키우는 여자는 결혼하기 힘들어.

올 그게 무슨 개소리야?

사실이다. 한 결혼정보회사의 설문조사 결과에 따르면, 미혼 남성 71.7퍼센트는 반려동물 키우는 여자와는 결혼할 수 없다고 응답했다. 개냐 남자냐를 선택해야 하는 상황인 것이다. 진실을 말해도 여동생은 언제나 과민 반응을 보인다. 역시 진실은 감당하기 힘들다. 이쯤에서 그만두자.

나 어쨌든, 왜 결혼하려는 거야? 남들 다 하니까 결혼하겠다는 게 말이 돼?

올 사람들 시선이……. 뭔가 내가 하자瑕疵 있는 사람처럼 느껴지잖아.

누구나 대학을 가는 풍토가 조성되자 대학을 안 간 사람들을 낙오자처럼 보는 시선이 생겨났다. 결혼도 마찬가지다. 누구나 당연히 해야 하는 일이 되었다. 어쩌다 나이가 찼음에도 결혼을 안 하는 사람을 만나면 이상한 눈으로 보게 됐다. 대한민국은 보편혼 사회다. 결혼을 당연하게 생각한다. 결혼을 하지 않으면 이상한 눈초리로 바라본다.

그런데 지금은 그럴 필요가 없는 시절이 되지 않았는가? 우리 부모님 세대만 해도 여성은 남성에게 의존하지 않고는 정상적인 생활이 어려울 것 같은 사회 분위기였다. 경제적인 부분은 더 말할 것도 없다. 그러나 지금은 여성들의 사회 참여가 보편화됐고, 일정 부분의 불편만 감수하면 혼자 살 수 있는 여건을 마련할 수 있다.

많이 개선됐다고 하지만 아직까지는 그래도 여성에 대한 사회 차별이 엄연히 존재한다. 물론 거기에는 '능력'이라는 전제 조건이 따라붙지만 말이다. 결혼은 지난 날에 누렸던 절대 불변의 '사회 법칙'의 지위에서 개인의 '선택'의 문제로까지 위상이 추락했다. 이 선택의 기회를 왜 포기하려는 거지? 아니, 애초에 선택이란 걸 하고, 결혼을 하려는 거야? 다시 한 번 물어보자.

"결혼을 왜 하려는 거야?"

Dear Olivia.

결혼에서 행복이란 전적으로 우연한 일이다

결혼이라는 의미의 영단어 'Wedding'의 어원을 아는가? Wedding은 '경마에 돈을 건다'라는 뜻을 지닌 'weddian'이란 단어에서 유래됐다.

"결혼에서 행복으로 발전하는 일은 전적으로 우연에 의해서다."

제인 오스틴의 말이다.

최근 이 말을 증명하기라도 하듯 한국의 이혼율은 가파르게 상승하고 있다. 대법원이 발간한 〈2010 사법연감〉에 따르면, 하루 평균 855쌍이 결혼하고 341쌍이 이혼했다. 지난해 전체 혼인 건수는 31만 2,093건으로 최근 10년 동안 가장 적었다. 그러나 이혼 건수는 합의이혼과 재판에 의한 이혼을 합쳐 12만 4,483건으로, 2008년 11만 6,997건에 비해 6.39퍼센트 증가했다. 간단히 말해 우리나라에선 10쌍이 결혼하면 4쌍이 이혼한다는 말이 된다.

좀 험악한 이야기로 시작했는데, 이게 결혼의 현실이다. 진화생물학적으로 보자면 아이의 머리가 너무 크고 임신과 출산, 양육 기간이 너무 길어 남자의 도움 없이 2세를 양육하기는 어렵다는 식의 복잡한 이야기는 다 빼겠다. 내가 말하고자 하는 건 한 가지! 지금 우리 시대의 여성들 앞에 놓여 있는 '현실적인 이야기'다.

첫째, 마지노선을 인정해야 한다. 우리나라에서 여자의 결혼이란 '앙혼'을 의미한다. 그러나 실제 확인해 보면 거의 비슷비슷한 수준에서 결혼을 한다. 어떤 커다란 격차 같은 건 없다. 설사 있다 해도 십중팔구 그 결혼은 불행을 배경으로 유지되고 있을 것이다.

문제는 결혼 적령기 여성들이 생각하는 최소한의 마지노선이다. '그래도 지금 내가 사는 것만큼의 수준으론 살아야 하지 않을까?' 서로 끔찍이 사랑하고 정신적으로 교감한다 하더라도 지금 움켜쥐고 있는 생활을 포기하기는 힘들 것이다.

아무리 가난하고 조건이 나쁘더라도 최소한 지금 향유하고 있는 생활 수준은 유지하고 싶어 하는 게 인지상정이다. 지금처럼 쇼핑하고, 맛있는 음식 사 먹고 1년에 한 번 정도 해외로 여행을 가고……, 결혼하는 순간 거의 모든 여성들은 이런 생활이 어렵다는 걸 확인하게 된다. 생활 수준의 하향평준화라고 해야 할까?

결혼은 현실이다. 현실은 냉정하다. 둘이 있을 때는 둘만 쓰면 되지만 자식이 생기는 순간 '지옥의 문'이 열린다. 돈 먹는 하마의 출현이다. 다 떠나서 결혼을 하는 순간 생활과 맞닥뜨리게 되고, 생활은 곧 돈을 소비한다는 의미가 된다. 자본주의 체제를 부정하지 않는다면 말이다.

그렇다는 건 최소한 여성의 사회적 수준과 동등한, 혹은 그보다 조금 더 우위에 있는 남자를 찾아야 한다는 의미가 된다. 그렇지 않다면 지금 누리고 있는 것들을 포기하든가, 아니면 타협을 해야 한다.

현실적으로 보자면 결혼 시장에서 여성들이 바라는 남성들은 여성과 최소한 동등하거나 그 이상의 경제 조건을 가지고 있어야 한다. 그 이하의 조건은 여성들에게 정신적 · 육체적 상처만 남기고 끝날 확률이 높다. 문제는 지금 만혼을 넘어선 30대 여성들의 연령대다. 그 연령대에서 여성들의 기대를 충족시킬 만한 남자를 찾는다는 건 '꽤'나 어려운 미션이다.

둘째, 나이다. 여성들은 자신의 나이보다 평균 3.5년 더 많은 남성을 선택하는 경향이 있다. 반면 남성은 자신의 나이보다 평균

2.5년 어린 여성을 선택하는 경향을 보인다. 이는 전 세계 37개 문화권을 조사한 평균치다. 어째서 이런 결과가 나온 걸까?

일반적으로 현대 서구 사회에서 수입은 나이에 비례해 증가한다. 역사 이전에도 이런 경향이 있었다. 어린 남자보다는 노련한 남자가 사냥 경험이 더 많은 것처럼…….

문화의 차이를 막론하고 나이, 자원, 그리고 지위는 서로 맞물려 있다. 여성의 나이에 평균 3.5년이 더 많은 남자들을 만나는 게 일반적인 통계라면 지금 그 연령대의 남자들 중에서 결혼 안 한 남자가 몇이나 되느냐는 것이다. 거기에 앞에서 말한 그 '조건'을 가지고 있는 상태로 말이다. 점점 조건이 까다로워진다.

셋째, 이미 언급했지만 '사랑-연애-결혼-행복'이란 공식이 만들어진 건 아직 150년도 안 됐다. 그리고 이게 한국적 현실에서 적용된 지는 30년도 채 지나지 않았다. 그리고 여기에 많은 문제가 있다는 사실을 알게 된 우리는 다시 '결혼정보업체'라는 새로운 제도를 만들어 서로의 등급을 확인해 가며 결혼 후보군을 만나고 있다. 개인적으로 나는 이것을 아주 바람직한 현상으로 본다. 지구상에 자유연애라는 게 등장했을 당시 보수층들은 이런 말을 했었다.

"개인적인 행복을 누리려는 욕망과 사랑을 기반으로 한 결합은 선천적으로 불안정하다. 만약 사랑이 결혼의 가장 중요한 이유라면 사랑 없는 결혼보다 독신을 선택한 사람들을 사회가 어떻게 비난할 수 있겠는가?"

지금의 현실에 적용하더라도 시대감각이 전혀 떨어지지 않는 말이다. 사랑을 기반으로 한 결혼이 아니라 조건을 기반으로 한 결혼이라도 그 근저에는 '행복을 누리려는 욕망'이 자리 잡고 있다. 서로 간에 뭔가를 바란다는 것이다. 그 '바라는 게' 뭘까?

지금 이 책을 읽고 심각하게 자신을 뒤돌아볼 정도의 여성이라면 불안정한 '사랑' 따위보다는 안정적이고 항구적인, 그리고 눈에 보이는 '조건'들을 바라볼 것이다. 그런데 '자궁의 유효기간'이 점점 줄어들수록 자신들의 상품가치가 점점 더 떨어지는 것을 실감할 것이다.

이 경우에는 다시 합리적인 선택, 그러니까 눈을 낮추거나, 감정적인 부분을 포기하거나, 주변의 '적당한' 남자를 찾아 결혼해야 한다는 3가지 선택지밖에 남지 않는다. 앞에서도 말했지만 우리의 일상이 문학적인 결말을 맺기는 어렵다. 개인적인 욕망으로 결합된 결혼은 본질적으로 불안정할 수밖에 없다.

분명히 말하지만, 사랑과 결혼은 별개의 문제다. 같은 범주에 묶을 만한 성질이 아니다. 인류 탄생 이후 결혼은 어디까지나 '소유'의 개념으로 유지돼 왔다. 상대방을 소유하고 자신의 재산을 후손에게 손실 없이 넘겨 주기 위해 결혼이란 제도는 만들어졌고 유지돼 왔다.

이해할 수 없다면 '혼외자'라는 법적인 개념을 확인하기 바란다. 사랑해서 자식을 만들었는데, 이 자식이 법적인 자식이 아니라는 이유로 법의 보호를 받지 못한다. 그게 과연 옳은 일일까?

결혼이란 제도가 법적인 테두리 안에서 '소유권'을 확인하고 유지하기 위해 만들어졌다는 걸 단적으로 확인하게 해 주는 증거다. 상대방에 대한 배타적 소유, 그리고 이 배타적 소유의 법적인 인정, 이것이 결혼의 본질이다. '혼외자'라는 개념은 그런 맥락에서 만들어진 것이다. 아니라고 반박할 수 있는가?

우리나라에는 이 '소유'의 개념을 법적으로 인정하고 있다. '간통죄'가 바로 그것이다. 결혼을 한 순간 법적으로 혼인 관계가 성립된 이성과만 섹스할 수 있도록 규정된 것이다. 즉, 소유다.

한데, 궁금한 것은 이 소유의 개념과 사랑이 같은 선상에서 논의될 수 있느냐는 것이다. 사랑하니까 함께하고, 소유하고 싶어지는 것 아닌가?

이게 맞는 말일까? 사르트르와 보부아르의 계약 결혼까지 갈 필요도 없다. 개인적으로 나는 이 결합이 가장 완벽한 남녀 관계라고 생각하지만 이것은 어디까지나 이상론이다. 질투가 배제됐고, 상대방에 대한 소유욕이 배제된 사랑인 것이다. 너무 높은 기준을 일반인에게 강제할 수는 없다. 이 지점에서 내가 단지 말하고 싶은 것은 결혼을 가급적 단순화해 보자는 것이다.

넷째, 이제까지 인생의 주인공은 '나'였다. 하고 싶은 것, 꿈꾸는 것, 바라는 것을 하고, 즐기고, 또 누려 왔다. 그러나 결혼을 하는 순간 '나'라는 이름은 사라져 버린다. 누구의 아내, 누구의 엄마, 누구의 며느리로서의 삶이 기다리고 있다. 순식간에 내 인생은 주변부로 밀려나게 된다.

21세기 대한민국의 결혼은 불행을 담보로 한다. 엄청난 사교육비, 주택 문제, 불안한 고용……. 이제 맞벌이가 아니면 생계를 유지하는 것조차 어려울 지경이 됐다. 나는 대한민국에서 아이를 낳는다는 것 자체가 죄악이라고 생각한다.

과격하다고 말하지 마라. 이렇게 말해도 애를 둘이나 낳아 기르고 있다. 솔직히, 대한민국이라는 유괴범에게 아이가 납치당한 느낌이 들 때가 많다. 그리고 매달 그 '몸값'을 지불하느라 허덕이고 있다. 어쨌든 가급적 결혼을 하지 말고, 하더라도 아이는 낳지 말기를 권하고 싶다.

그럼 둘이서만 즐기면서, 둘만의 결혼생활을 하겠다면? 좋다. 그런데 누구의 아내, 누구의 며느리란 타이틀은 어떻게 처리할 건가? 대한민국 여성들, 이제 배울 만큼 배웠고 돈도 벌만큼 벌어 봤다. 세상 돌아가는 이치도 잘 안다.

그러나 결혼하는 순간, 문득 이런 생각이 들 것이다. '직장을 잠시 쉬고 전업주부가 된다면……?', '내가 왜 대학까지 나와야 했지?' 등의 생각이 뇌리를 스쳐 지나갈 것이다. 직장을 다닌다고 하더라도 아내의 의무나 며느리의 의무가 기다릴 것이다. 대한민국에서의 결혼은 남녀 모두에게 힘들 수 있지만 적어도 남자의 경우는 그나마 '낫다'고 생각한다. 그리 크게 손해를 보지는 않는다. 그러나 여자의 경우는?

한 가정은 여자의 희생으로 움직인다. 결혼을 하는 순간, 그 가정은 여자의 희생을 에너지원으로 삼아 돌아가게 돼 있다. 맞벌이를 한다고 하더라도 가사노동과 양육의 책임은 여자에게 돌아갈 수밖에 없다.

남자? 가사분담? 자녀교육? 남자들은 기본적으로 이걸 당연한 '의무'라고 생각하지 않고 일종의 '시혜'라고 생각한다. 왜? 내 일이 아니라고 생각하기 때문이다. 전통적으로 가사노동과 양육은 여자의 몫이라고 교육받아 왔기 때문이다. 이걸 개선한다? 불가능하다. 우선, 우리나라의 어머니들은 '귀한 아들'로 자신의 아들을 키워 낸다. 어렵다. 개선을 위한 노력을 한다? 이 말을 해 주고 싶다.

"사람은 쉽게 바뀌지 않아. '절대'라는 말을 쓰고 싶지만 간혹 변하는 경우도 있으니까……. 그렇다고 그 '예외'를 자기의 인생에 상정하지 말자. 말 그대로 '예외'니까."

도시 생활을 위해서는 남편 혼자 버는 외벌이로는 어렵다. 결국 맞벌이 구도로 가야 하는데, 돈은 돈대로 벌고, 가사노동과 양육도 하고, 그에 더해 '죄책감'도 가져야 한다. 죄책감? 일테면, '남편을 제대로 내조하지 못한다', '아이를 제대로 돌보지 못한다'와 같은 죄책감이다.

나는 아니라고 자신할 수 있는가? 이제까지 배워 온 가부장적인 '여성 교육' 덕분에 이성은 아니지만 무의식중에 그런 감정을 느끼게 돼 있다. 기분 더러운 죄책감이다.

다섯째, 결혼은 여성의 인간관계를 완전한 단절로 이끈다. 어쩔 수 없다. 지금 만나고 있는 친구, 지인, 직장동료들……. 이 모든 관계가 어떻게 될까?

임신과 출산, 육아를 하는 순간 최소 1년 가까이 그 관계는 단절된다. 전업주부의 삶을 꿈꾼다고 하더라도 친구와의 만남은 어려워진다. 결국 전혀 새로운 인간관계를 처음부터 만들어 나가야 한다. 그것도 자의에 의해서가 아니라 타의에 의해서 말이다.

남자도 그렇지 않으냐고? 임신과 출산, 육아에 있어서 그 '의무'의 상당 부분은 여자가 떠안고 있다. 남자는 어디까지나 '조력자'의 위치다. 아이 낳고, 한동안 수유기를 거치고, 키우고 하다 보면 5~6년은 금방 지나간다. 그 사이에 여성은 외떨어진 섬으로 지내면서, 전혀 새로운 인간관계를 맺어야 한다. 냉혹한 현실이다.

물론 우리나라의 특징을 이해하지 못하는 건 아니다. 남과 다르다는 걸 곧 틀린 거라 단정짓는 사고방식, 그리고 바로 옆에 있는 사람들의 삶에 노골적으로 관심 갖고 살펴보기 좋아하는 사람들이 많은 관찰 사회라는 거, 인정한다. 그리고 인간의 관혼상제冠婚喪祭 중에서 유일하게 자신이 선택할 수 있는 게 결혼이긴 하나 남의 시선 때문에 자신의 인생에서 가장 중요한 결정을 그렇게 쉽게 내릴 수 있을까? 그저 '남들 다 가니까', '나이 들어서도 안 하고 있으면 다들 이상하게 보니까', '직장 다니는 것 힘든데, 남자 덕이나 보자'……. 세 번째가 제일 위험하다. 이런 경우 좋은 결말 보기 힘들다.

이런 생각으로 결혼을 한다면 내가 여성주의자도 아니고 양성평등주의자도 아니지만 그다지 권하고 싶지는 않다. 물론 아이를 가지고 싶어 하고, 사랑하는 사람과 평생을 해로偕老하고 싶어 하는 마음, 감정적인 충족을 원하고 굳게 결속된 사회의 틀, 그리고 그 안에서 사회의 분자 단위로 인정받는 '가정'을 만들고 싶어 하는 마음은 인정한다. 가장 이상적인 구성, 즉 사랑하는 남자가 좋은 조건을 가지고 있고, 너만을 바라보고 있다면 이런 남자와의 결혼은 말리지 않겠다.

그러나 세상에 '절대'란 건 없다. 특히나 인간이 만들어 놓은 관습이나 가치에는 더더욱 그렇다. 물론 극히 예외적인 경우가 없지 않아 있을 것이다. 그런데 그 확률만 보고 덤벼들기엔 너무 무모하지 않은가? 지금 이 기회가 아깝지 않은가? 아직까지는 진행형이지만 적어도 지금 세상은 여자에게 기회를 주고 그 가치를 인정해 주고 있다. 이런 변화 덕분에 여자가 혼자 살아갈 수 있는 '터전'이 만들어지고 있는 것이다.

무조건 결혼하지 말라고 얘기하는 것은 아니다. 결혼 생활에는 이러저러한 난관이 있으니 먼저 그 점을 염두에 두고 고민해 보라는 의미다. 하지만 그 난관들을 염두에 두더라도 행복을 얻기 위한 방법으로 결혼 역시 여러 가지 고려해 볼 만한 선택지 중 하나라는 정도의 관점으로 보라는 것이다.

대한민국에서 결혼이란, 그 주체인 결혼 당사자들은 주변부로 소외되고 철저히 객체가 된다. 그 빈자리를 다른 것들이 끼어들어 결혼이라는 수레바퀴를 굴린다. 결혼을 결심하고 하나하나 준비해 가다 보면 알 것이다. 그러면? 관성에 이끌려서 가만히 있어도 결혼을 하게 돼 있다. '어어' 하다 보니 어느새 결혼행진곡에 맞춰 신부 입장을 하게 된다. 결혼 준비를 하다 보면 자연스럽게 알게 될 것이다. 그 전에 한 번 곰곰이 생각해 보는 것이 좋지 않을까 하는 것이다.

한국의 결혼 시스템 하에서 가장 큰 피해자는 역시 여자다. 많은 부담을 떠안고 시작해야 하는 것이다. 시대는 21세기지만 제도는 20세기, 철학은 19세기에 머물러 있다. 많이 바뀌었다고는 하지만 '시월드'라는 말이 여전히 인구에 회자되는 걸 보면 아직도 멀었다는 생각이 들곤 한다.

다시 말하지만, 결혼을 하지 말라는 의미가 아니다. 행복을 위해 어떤 게 옳은 선택인지 진지하게 한 번 고민을 해 보라는 것이다. 다행히 현대여성에게는 결혼이 아닌 다른 선택지도 열려 있다. 그 기회를 적극적으로 살려 보라고 권해 주고 싶다. 만약 그럼에도 불구하고 결혼이라는 결론에 도달한다면? 그땐 결혼을 하면 된다. 단, 이제까지 내가 말한 내용을 심사숙고한 뒤 결정하는 게 좋을 것 같다.

정리해 보자. 결혼이 네 행복을 보장하지 않을 수도 있다. 즉, 행복해질 수도 있고 불행해질 수도 있다. 그걸 늘 명심하길 바랄 뿐이다. 마지막으로 쇼펜하우어가 했던 말을 들려주고 싶다. 〈의지와 표상으로서의 세계〉의 한 구절이다.

"결혼이란 권리를 반으로 하고 의무를 두 배로 하는 일이다."

주위의 시선에서 자유로워지는 게 행복의 출발이다

"그때가 좋았어!"

대다수의 여성들은 막 사랑에 불타올랐던, 연애 기간과 신혼 초창기 얼마 동안을 인생에서 가장 행복했던 시간이라고 추억했다. 실제로 그때의 추억을 에너지원으로 삼아 결혼생활을 유지하고 있는 경우도 많다. 그다음의 결혼생활은 부부간의 '노력' 혹은 '타협'으로 유지된다. 이때 '타협'이란 좀 더 정확히 말하자면, 무의식적인 '협상'이라고 보는 게 맞을 것이다. 즉, 상대방의 단점이나 문제점을 묵시적으로 '포기'하고 넘어간 것이다.

만약 남편이 양말을 벗을 때 거꾸로 뒤집어서 던져 버리는 습관이 있다면, 이걸 지적하고 화를 내도 그때뿐이란 사실을 1년, 아니 6개월이면 알게 된다. 사람의 습관이란 게 단기간에 쉽사리 고칠 수 없다는 걸 확인하고 난 뒤에야 포기하게 된다. 그게 결혼생활이다. 물론 노력을 하겠지만 근본적으로 30년 가까이 서로 다른 생활환경에서 살아온 두 남녀가 자신을 포기하고 서로에게 맞춰 나간다는 건 결코 쉬운 일이 아니다. 상당한 각오를 해야 하며, 그 시도가 성공보다 실패로 끝날 확률이 훨씬 높다는 걸 미리 말해 주어야겠다.

재미있는 통계를 하나 알려주겠다. 평생 부부간의 섹스 횟수를 분석해 보면, 결혼 직후부터 신혼 초 2년 동안의 섹스 총합이 이후 결혼생활 전 기간을 통틀어 하는 섹스의 횟수보다 많다는 연구 결과가 발표된

적이 있다.

이 통계가 의미하는 게 뭘까? 신혼 2년이 지난 뒤부터 결혼이란 관계가 다른 식으로 변질됐다는 것이다. 신혼 초 2년여 동안의 결혼생활이 '사랑'을 전제로 하는 삶이었다면, 이후의 삶은 '일상'이 되고, 부부는 사랑보다 '정'이나 '가족'의 개념으로 정의됐다고 볼 수 있다.

부정적인 이야기를 했지만, 이 개인적 통계의 또 다른 항목을 통해서는 여성으로서의 '결혼의 장점'을 확인할 수 있었다. 대략의 의견을 간추려 보자면, "결혼이 제공해 주는 안락함과 안정감, 사회적 편견으로부터의 해방, 그리고 얼마간의 행복은 결혼의 장점이라고 할 수 있지. 물론, 기한 만료가 정해져 있는 상품이지만 주변의 시선에서 당당해질 수 있는 '섹스'를 할 수 있다는 건 여자로서는 꼭 한 번 경험해 볼 만한 일이라고 생각해" 정도다. 이런 주장의 이면에는 이 사회가 강요하는 '가치'와 누군지 모를 '타인의 시선'이 개입돼 있다는 걸 인정해야 한다.

남의 시선에서 벗어나는 게 행복의 시발점이라고 말하고 싶지만 그걸 강요할 수는 없다. 30년 넘게 이 사회에서 자라난 여성이라면, 그것도 보편타당한 가정교육을 받고 자라난 여성이라면 쉽게 이 사회의 룰을 거부할 수는 없을 것이다. 룰을 벗어나라고 강요하는 것 자체가 폭력이 되는 것이다. 하지만 당연하다는 듯 결혼을 선택하고, 끌려가듯이 결혼하는 이 현실 앞에서 '왜 결혼해야 하는지' 한 번쯤 진지하게 생각해 보고 결혼이 행복을 담보할 수 있는지 고민해 보라는 것이다. 이 선택의 기회를 그냥 흘려보낸다는 건 아깝지 않은가?

Love is

제2부 다급한 동생이 묻다

동생의 첫 번째 질문

괜찮은 남자는 왜 없는 걸까?

1

언제나 풀이 죽어 있는 내 동생……. 남자가 없단다. 좋아하는 '녹차라떼' 앞에서도 좀처럼 입을 열지 못하고 있다. 아, 이럴 땐 '허니브레드'라도…….

올 오빠, 오빠는 오빠가 돼서 왜 그래?

나 ……. (오빠로서 내 어디가 문제란 말인가? 이렇게 말 들어주는 오빠가 어딨다고?)

올 다른 집 오빠들은 동생이 시집 못 가면, 자기 주변 남자들 수소문해서 소개팅도 시켜 주고 그러는데, 오빠는 왜 그래? 소개팅을 못 시켜 주면 결혼정보업체 가입비라도 내 줘야 하는 거 아냐?

나 아 놔, 오빠 직업군 남자들 소개시켜 주면 어쩌려고……. 글 쓴다고 골방에 처박혀 있든가, 되지도 않는 영화 찍겠다고 백수 생활하는 조감독들 소개시켜 줄까? 연봉 5백만 원 받는 애들 수두룩 지천이다. 어때, 땡겨?

올 박찬욱이나 봉준호 급으로 뜰 만한 애라면…….

나 그걸 내가 어떻게 보장하냐? 어떤 영화는 천만 들고, 어떤 영화는 백만 들지 귀신도 모르는데……. 알면 투자회사 차리지.

올 그래서 남자가 없다는 거야? 오빠가 됐으면 찾는 시늉이라도 해야 할 거 아냐!

그래, 찾는 시늉이라도 해 보지!

나 좋아. 당장 결혼시켜 줄게.

올 진짜?

나 단, 조건이 있어.

올 조…… 건?

나 내가 데려온 남자 거절하지 말고, 무조건 그 남자랑 결혼해야 해!

올 뭐야? 그래, 일단 조건을…….

나 사람 착해. 내가 보증해. 정말 괜찮은 남자야.

올 그러니까 일단 뭐하는 남자인지는 알아야 할 거 아냐!

나 나이는 좀 많은데……. 나보다 한 살 어려.

올 연봉은?

나 연봉은 한 4~5천? 잔업하면 그 정도 나올 걸?

올 잔업?

나 용접기능사야.

올 용접? 학벌은?

나 올해 방통대 입학한 걸로 아는데?

올 오빠!!

나 왜? 남자 소개해 달라면서!

올 사람 착한 건 알겠는데, 지금 그 사람이랑 나랑 어울린다고 생각해?

나 남자 구해 달라면서?

올 아, 이게 오빠야? 웬수야?

남자가 없다고 한다. 남자를 소개시켜 준다고 하면 화를 내면서……. 왜 그러는 거지? 내 여동생이지만 이럴 땐 무슨 말을 해야 할지 모르겠다.

Dear Olivia.

연애결혼 60퍼센트가 행동반경 1킬로미터 안에서 짝을 찾았어

올리비아가 갑자기 남자 타령을 하는 건 십중팔구 '결혼'을 염두에 두고 한 말일 것이다. 연애만 할 거라면 사람 좋은 용접기능사를 소개시켜 준다고 할 때 최소한 만나 보려는 시늉이라도 하지 않았을까. 여동생이 툴툴거리는 것도 시간의 압박, 그러니까 세상이 강요하는 결혼 적령기라는 압박에 떠밀린 결과일 것이다.

여기서 궁금한 것이 하나 있는데, 과연 '결혼 적령기'라는 것이 존재하느냐는 것이다. 그리고 실제로 존재한다면 평균 몇 살 정도가 적당한가 하는 것이다. 우리나라 통계청 발표를 보면 30대 미혼 남녀가 생각하는 결혼 적령기는 남자의 경우 31.76세다. 여자의 경우는 31.92세로 남자보다 오히려 약간 높다. 이 결과만 보면, 우리나라의 미혼 남녀들은 32세가 되면 다들 시집장가를 갈 거라는 믿음을 갖고 있다는 얘기다. 아니, 정확히 말하자면 믿음이라기보다는 '바람'일 것이다. 그럼, 이들이 생각하는 결혼 적령기는 몇 살일까?

남자의 결혼 적령기는 성별에 관계없이 1위는 30~31세, 2위는 32~34세, 3위는 35세 이상으로 나왔다. 다행(?)인 건 20대 후반에 결혼해야 한다는 생각은 남녀 모두 10퍼센트 미만으로 나왔다는 점이다. 즉, 남자의 결혼 시기는 30세부터 시작한다고 보면 된다.

그럼 여자의 결혼 적령기에 대해서는 어떤 대답이 나왔을까? 남녀 모두에게 물어보았는데, 1위는 남녀 모두 28~29세를 꼽았다. 문제는 2위부터인데, 여자들은 30~31세에 결혼하는 게 적당하다고 생각한 반면 남자들은 29세 이하라고 대답했다.

안타깝게도, 남자들은 나이 든 여자에 대해서는 관심이 덜한 것이다. 냉정하게 말한다면, 여자의 경우 하루하루 나이 먹어갈수록 시장 가치가 눈에 띄게 떨어진다고 할 수 있다. 게다가 많은 남자들이 29세 이상의 여자들에게 결혼 대상자로서 별 매력을 느끼지 못한다.

대한민국 사회의 결혼 연령은 계속해서 높아지고 있지 않느냐고 반박할 수도 있을 것이다. 그 말도 맞다. 그러나 문제는 여성과 결혼해야 할 남자들의 생각이 그렇지 않다는 데 있다. 푸념하거나 욕하지 말자. 어쨌든 그들은 결혼 후보자들이다. 그러니 그들의 의견을 존중해야 한다. 아니, 사실 존중까지 해야 할 이유는 없을 것이다. 그저 그게 남자들의 '통보'라고 보면 된다.

'이건 결혼 적령기를 말한 거고, 진짜 결혼하는 나이는 더 늦을 거야'라는 부질없는 희망(?!)을 품을 수도 있다. 미안하지만, 그 희망을 짓밟아 줘야 할 것 같다. 대한민국 미혼 남녀의 초혼 평균 연령을 조사했는데 남자는 32세, 여자는 29.1세로 나왔다. 결혼 적령기에 대한 답변과 거의 비슷한 수치다. 아니라고 말하고 싶은가? 난 해당 사항이 없다고 말하고 싶은가? 영화 〈살인의 추억〉에서 김상경이 했던 대사를 들려주고 싶다.

"서류는 거짓말을 안 해."

남자는 '나이'와 '미모'를 본다

대한민국 통계청이 내놓은 결과다. 혹시나 하는 마음으로 운명을 끌어올 것인가? 짚신도 짝이 있다는데, 내 짝도 어딘가에 있겠지, 라고 생각한다면 한마디만 덧붙이겠다. 짚신벌레는 짝이 있을지 모르겠지만, 넌 잘 모르겠다.

대학 졸업하고, 취업 준비하고, 취업하고, 돈 좀 모으려고 할 즈음이면 덜컥 남자들이 설정한 그 '결혼 적령기'에 걸리거나 그걸 넘어서 버린 시점이 된다. 거듭 강조하지만 이 점에 대해 불평불만하지 말기 바란다. 그건 남자들의 입장이다.

여자들이 남자의 조건을 말할 때 남자들은 여자의 나이와 미모를 본다. '등가교환의 법칙'이다. 그러니 불만은 접어 두길……. 불만을 말해 봤자 그것은 대답 없는 메아리가 되기 십상이다. 혹여나

"나 동안이지 않아?" 따위의 헛소리도 하지 말기를……. 어려 보이는 것과 실제로 어린 것은 차원이 다르다. 기업체에 입사 지원할 때 대학 학력 란에 졸업한 학교를 쓰지, 입학할 뻔한 학교 이름을 쓰지는 않지 않는가?

남자들, 결국 나이 따진다. 물론 빼어난 미모의 소유자라면 나이 문제를 극복할 수도 있겠지만 일단 어리고 봐야 한다. 괜히 '내 얼굴 동안인데 어때?' 따위 멘트는 날리지 않는 게 좋다.

솔직히 말하자면, 지금 30대 초반을 넘어 중반으로 가는 여성이나 중반을 넘어 후반으로 가는 여성들은 과도기 시절의 희생양이라고밖에 달리 표현할 말이 없다. 남자와 비교해서 차별 없는 교육의 혜택을 누렸고, 최소한 겉으로는 공정한 경쟁 속에서의 삶을 경험했다. 그리고 비록 표면적이나마 지금은 양성 평등을 말하는 시대다. 문제는 이 양성 평등이 결혼 문제에 있어서만은 속도가 더디게 나아가고 있다는 점이다. 바로 우리의 '몸'과 같다고 해야 할까?

우리의 몸은 지난 100만 년 동안 '배고픔'에 단련돼 왔다. 그런 터라 평소에는 굶다가 먹을 기회가 생기면 잔뜩 먹고, 이를 몸 안에 저장하는 형태로 진화해 왔다. 그런 맥락에서 20세기의 폭발적인 식량 증산을 경험하게 됐고, 사람들은 영양 과잉 상태에서 '비만'이라는 새로운 질병과 맞닥뜨리게 되었다.

결혼도 마찬가지다. 세상의 환경은 바뀌었지만 남자들의 유전자는 전혀 변하지 않았다. 젊고 예쁜 여자를 선호하는 건 어쩔 수 없다. 남자의 몸속에 있는 유전자가 그걸 유도하기 때문이다. 이걸 가지고 뭐라고 할 수는 없다. 그 과도기에 오늘의 30대 여성들이 걸린 것이다.

그럼 해결책은? 없다. 팔자를 탓할 수밖에……. 사회 구조적인 문제를 개인의 문제로 치환하고 개인의 희생을 말한다는 게 미안하지만 방법이 없다. 여성들이 사회 구조 자체를 바꿔 보겠다고 일어서는 방법이 있겠지만, 그게 과연 가능할까? 설사 그런 운동을 벌인다고 하더라도 그건 어디까지나 여성들만의 문제다. 결혼은 남녀 간의 결합이다. 여성이 남성의 조건에 가중치를 두듯이 남자들이 여자들의 나이와 미모에 가중치를 두는 건 당연한 권리다. 게다가 남자가 스스로 제어할 성질의 문제도 아니니다.

그럼……, 결혼은 물 건너간 거야? 차선책을 한번 생각해 보자. 몇 가지 연구 결과를 소개할까 한다. 몇 년 전인가 한국의 모 대학에서 연애를 통해 결혼에 이른 커플들을 조사해 그 과정을 추적한 적이 있었다. 놀랍게도 이들 10쌍 중 6쌍은 자신의 행동반경 1킬로미터 안에서 생활하다가 서로 만나게 되고 결혼에 골인했다고 한다.

보통 연애를 말할 때 자신의 행동반경 100미터 안에 인연이 숨어 있다는 말들을 하는데, 이 말을 과학적으로 증명해 낸 셈이다. 어째서 사람들은 자신의 행동반경 안으로 한정해서 인연을 찾으려 하는 걸까? 좀 더 근본적인 이유를 더듬어 본다면 인간이란 존재가 평소 자주 본 사람에게 호감을 갖게 된다는 심리학의 '단순 접촉의 원리'에서 그 이유를 찾을 수 있을 것이다.

미모의 부족함을 보완할 수 있는 '호감도 상승의 법칙'

이런 사람의 심리를 증명하기 위해 미국의 심리학자 자니언스는 한 가지 실험을 했다. 즉, 대학 졸업사진 중 특별히 못 생기거나 잘생긴, 혹은 튀는 얼굴이 아닌 평범한 얼굴을 가진 사람들의 사진 10장을 뽑았다. 그리고 이걸 실험자들에게 무작위로 보여 주었다. 단 여기에 한 가지 조건이 붙었는데, 2장은 한 번씩, 2장은 두 번씩, 2장은 다섯 번씩, 2장은 열 번씩, 그리고 마지막 2장은 스물다섯 번씩 보여 준 것이다.

결론을 먼저 말하자면, 스물다섯 번씩 본 사람에 대한 호감도가 제일 높았다. 한눈에 반하는 운명적인 사랑도 물론 있지만 전기가 한 번, 두 번, 세 번 끊임없이 교류함으로써 배터리가 충전된 다음 시동이 걸리듯 사랑도 마찬가지라는 것이다. 결론은?

첫째, 생활반경 1킬로미터 안에서 남자를 찾아 본다. 없다면, 생활반경을 넓힌다. 원론적인 이야기지만 동호회에 가입하거나 소개팅을 나가거나 결혼정보업체에 등록해 접촉면을 최대한 넓히는 것이다.

둘째, 이렇게 생활 반경을 넓혀서 남자와 접촉한다면, 최소한 3번 이상 만남의 기회를 가져야 한다. 요즘에는 소개팅을 하게 되면 일단 호구조사를 하고, SNS를 통해 외모도 다 체크한 뒤 나가는 것이 기본이 되었다. 이게 '시간 낭비'를 줄이는 길이라고 생각하고 보자마자 그 자리에서 결론을 내리는 경우가 많다. 그러나 첫 만남은 거의 예외 없이 탐색전에서 끝이 나는 게 소개팅의 본질이다. 정말 아닌 경우가 아니라면 첫 만남은 탐색전이라 생각하고, 상대에게 두 번째 만남의 기회를 주어야 한다. 세 번째 만남은 최종 판단이라고 생각하고 만나는 것이 좋다. 물론 시간이 아까울 수도 있겠지만, 말 그대로 소개팅이다. 한 남자에게 올인하라는 게 아니지 않은가. 오늘 이 사람을 만나고, 내일 저 사람을 만날 수도 있는 것이다.

이 이야기의 전제는 '조건'의 기준을 조금만 낮추라는 것이다. "사랑을 포기했는데, 조건이라도 좋아야지!"라는 말이 나올 것이다. 조건 낮추라는 말, 정말 수없이 들었을 것이다. 이런 고색창연한 원론적인 이야기……. 식상하다.

그러나 시장원리를 무시할 수는 없다. 애덤 스미스의 '보이지 않는 손'에 대해 언급하고 싶지는 않지만 여자를 하나의 '재화'로 보자면 결혼 적령기를 넘은 여자는 '재고상품'에 가깝다. 가격을 낮춰야 한다. 그리고 부지런히 '특가 행사'를 열어 소비자들과 접촉해야 한다. 한 발 더 나아간다면 1+1 행사라도 해서 소비자인 남자들에게 어필해야 한다.

그게 싫다면, 좀 냉정하게 들리겠지만 능력을 갖추기 바란다. 외모와 사회적인 지위, 경제적인 부를 키워야 한다. 그 수밖에 없다. 조건을 쫓아가지 말고, 스스로 조건을 만들 수밖에 없다. 그게 가장 확실한 방법이다.

남자에게 결혼은 부담 그 자체다

이 이야기를 정리한 다음 주변에 있는 남자 친구, 후배, 선배들에게 물어봤다. 즉, '개인적인 통계'를 내 본 것이다. 31~40세인 8명의 남자들, 직군별로는 프리랜스 번역가, 중견기업 회사원, 대기업 회사원, 프리랜스 작가, 자영업자 등이었다. 연봉은 대략 3,200~6,000만 원 사이에서 형성됐다.

나 30대 초반에서 중반 여자들 어때?

친구 뭐가?

나 결혼 상대자로.

친구 예쁘냐?

나 뭐, 그럭저럭?

친구 사진 날려라. 연봉은 좀 되냐? 직장은? 성격은? 학교는?

나 성격? 좋지.

친구 네가 원한다면 한 번쯤 만나 줄 순 있어.

나 결혼 상대자론?

친구 일단 만나 보고…….

나 아니, 배우자로 어떠냐고!

친구 그러니까, 네 얼굴 봐서 한 번 만나 준다니까!

나 …….

대략 이런 분위기다. 가끔 튀어나오는 말은 더 강도가 세다.

"서른세 살이면 만나서 결혼하면 서른넷, 그때 바로 임신하고 출산하면 서른다섯……. 노산이네?"
"서른다섯 살이면 남자, 만나 볼 만큼 만나 봤겠다?"(은근히 여자의 정절을 생각하는 발언이다.)
"젊은 여자 많아. 안 되면 노량진 고시학원 앞에서 기다리면 미래 보장된 창창한 애들도 많아!"(현실적인 대안이다.)
"모아 놓은 돈은 좀 있대?"(정~말 현실적이다.)

같은 남자로서 여자는 예쁘면 장땡이라고 생각했는데, 그게 아니었다. 결혼 상대자를 고르게 되니 이제 남자들도 약아졌다. 현실적으로 나이 많은 여자들에 대한 부담감이 있다. 아울러 한 살이라도 더 젊은 여자를 선택할 수 있는데, 굳이 나이 든 여자를 만나야 하느냐고 반문했다. 대신 직장이나 학벌이 좋고 모아 놓은 돈이 좀 있고, 하는 식의 부가적인 '옵션'이 좋다면 만나 볼 의향이 있다는, 아주 현실적인 이야기였다.

나이 든 여자와 만나는 것에 대해 부담감을 느낀다는 의견도 있었다. 31세부터 2년간 동갑내기 여자를 만난 A군의 증언이다. 참고로, 그는 결국 이 여자와 결혼하지 않았다.

"나이 든 여자를 만나는 게, 그게 은근히 스트레스예요. 남자들 보면, 자동반사로 지나가는 여자 쳐다보잖아요? 그런 거에 상대적으로 더 예민하고, 직간접적으로 은근히 압박도 들어와요. 결혼에 대한 압박을 계속 가하는데, 만날 때마다 반복되다 보면 이게 적잖

이 부담되거든요. 그냥 좋아서 만나고, 사랑하고, 그러다 잘 맞겠다 싶으면 결혼하는 건데, 어느 순간 갑자기 '자기, 나 데리고 놀려고 만나는 거야? 나 조금 있으면 서른세 살이야!' 이렇게 소리 지르고 '나, 다음 주에 선 봐!' 막 이런 멘트를 날려요. 나이 든 여자 만나다 헤어지면 무슨 큰 죄를 짓는 것 같아요. 저는 비추예요. 어린 애들 비위 맞춰 주는 게 짜증 날 때도 많지만 그래도 결혼하자고 조르진 않잖아요."

남자들에게 '결혼'은 그 자체로 상당한 부담으로 다가온다. 남자들에게 그것은 여자들이 느끼는 것과는 상당히 다른 느낌의 단어다. 가급적 피하고 싶은 단어 중 하나다.

그런데 나이가 꽉 찬 여자들의 경우 직간접적으로 남자에게 압박을 가한다. 물론 자신은 부담을 주지 않는다고 말하고 싶겠지만 남자 입장에서는 그렇게 느끼기 쉽다. 그것 때문에 죄책감을 느끼는 경우도 있다고 한다. 이런 걸 다 떠나서 '어린 여자'를 선택할 수 있는 권리가 자신들에게 있다고 생각하는 것이다.

나보다 생활수준 낮은 남자와 절대 결혼하지 마라

'조건 평균의 법칙'이라는 게 있다. 결국 비슷비슷한 조건의 남자와 여자가 만나서 결혼을 한다는 법칙인데, 생활환경이나 경제적 여건이 크게 차이가 나는 결혼은 거의 없다. 있다 해도 결혼생활 자체가 삐걱거리다가 종국에는 판이 깨지는 경우가 많다. 결혼이란 건 평균에 수렴할 수밖에 없다.

무의식적으로 조건을 맞춘다고 해야 할까? 아니면 조건에 맞춰 결혼해야 한다고 설명해야 할까? 한 가지 예를 들어 보자. 요즘 회자되고 있는 '청담동 며느리'들 얘기다. 이쪽 사람들은 아무리 판검사라도 개천에서 용 난 케이스를 싫어한다. 제아무리 머리가 좋고, 똑똑하고, 능력이 있다 해도 살아온 환경이 다르기 때문이다.

30년 가까이 다른 환경에서 자란 사람들이, 그야말로 '화성남자'와 '금성여자'가 만나 어느 날 갑자기 한 집에서 살게 되는 것이 결혼이라는 제도다. 당연히 충돌이 생길 수밖에 없다. 사는 환경이 다른데, 거기에 생활수준까지 다르다면 분명 충돌의 강도는 더 커질 수밖에 없다.

마르크스를 다시 언급하게 되는데, 결혼은 물질의 토대 위에서 세워진다. 물질의 차이를 극복하는 게 사랑이라고 말할 수도 있겠지만, 그런 마음으로 결혼하는 여성들이 몇이나 될까? 일반론적인 이야기만 하겠다. 결국 물질의 토대가 약하면 결혼 자체를 세울 수 없거나 세웠다 하더라도 쉽게 허물어진다.

“이 세상에서 가장 슬픈 건 돈 때문에 사랑하는 사람과 싸우는 것이다”라는 말을 들어본 적이 있는가? 자본주의 사회 이전에는 돈이 없어도 생존이 가능했을 것이다. 그러나 자본주의 사회에서는 돈이 없다는 건 곧 생존이 정면으로 위협받는다는 얘기다. 생존이 위협을 받는데, 사랑 ‘따위’가 버틸 수 있겠는가? 본능적으로 남자보다 더 안정을 꿈꿀 수밖에 없는 여성들에게 이것은 곧 인생의 위기이자 생명의 위기다.

결국은 ‘시장 법칙’이다. 몰리다 보면 자연스럽게 시장 가격이 형성되고, 물 흘러가듯 결혼이 진행될 것이다. 물론, 판매자의 의지가 중요하겠지만 말이다. 그래서 ‘결혼 의지’가 중요하다고 말하는 것이다. 여자에게 의지만 있다면 결혼은 할 수 있다. 문제는 상대자가 누구냐일 것이다. 의지의 문제다. 결혼이 인생의 최우선 순위라고 결정했다면 그에 따라 결혼 활동을 하고, 조건을 계속 낮추다 보면 결국은 결혼에 골인할 수 있다.

이 대목에서, “맨손으로 시작해 살림을 늘려 나가고 남편을 성공시키면 되지 않는가?”라는 이상론적인 의견을 제시할 수도 있을 것이다. 원론적으로는 맞는 말이다. 그러나 개인적으로 추천하고 싶지는 않다. 두 사람이 시작한다면 최소한 시댁 눈치를 안 봐도 되고 남편에게 일정 수준 이상의 지분을 요구할 수 있다고 생각할 수도 있을 것이다. 하지만 현실은 그리 만만치 않다. 조건이 떨어지는, 아니 아예 조건이라 불릴 만한 게 없는 남자와 결혼한 한 여성의 증언을 들어보자.

“각각의 편차는 있어. 그렇지만 기본적으로 ‘시’자 들어가는 집안의 여자들……. 그러니까 시어머니, 시누이들을 봐봐. 가당키나 한 이야기일까? 뭐라도 주고 시어머니 노릇을 한다면 고개 숙이고 수긍이라도 할 수 있지만 뭘 주지도 않고, 만날 빼앗아가기만 하는 시어머니도 결국에는 시어머니 노릇을 해. 물론 예외는 있겠지만……. 사람의 자존심이란 건 그리 만만한 게 아냐. 부자보다는 가난한 사람들이 자존심을 더 따지지. 지레 먼저 계산하고, 뭔가 명품이라도 걸쳐야 하고, 폼 잡으려 하고……. 빈 수레가 요란한 거야. 덕분에 가난한 사람들은 더 많은 자존심 비용을 내는 거지. 빈곤의 악순환이라고 해야 할까?

가난한 집에 가서는 최소한 시댁식구 눈치를 안 본다고 생각하지? 오히려 더 심할 확률이 높아. 부잣집의 경우에는 어느 정도 납득할 만한 '대가'란 게 있지만 가난한 집에서는 이런 대가도 없는데, 정신적인 스트레스를 받아야 한다는 거야. 평강공주가 돼 보겠다는 심산이라면……. 뭐 개인이 선택할 문제겠지만 자신의 남편을 평생 누군가와 공유해야 할 수도 있다는 걸 감수해야겠지."

결국은 의지와 선택의 문제다. 본인이 치열하게 고민을 하고, 자신의 선택에 대한 책임을 감내할 의지를 확인했다면 결혼을 결심하고 구체적으로 추진해도 된다. 그러나 내 조언에 귀를 기울이고 싶다면, 자신의 생활수준 이하의 남자와는 섣불리 결혼을 말해선 안 된다고 조언해 주고 싶다. 그럴 바에는 후일을 기약하며 당분간 독신의 삶을 즐기는 것도 나쁘지 않다고 본다. 다시 말하지만, 돈 때문에 사랑하는 사람과 싸우는 건 이 세상에서 가장 비참한 일들 중 하나다.

동생의 두 번째 질문

남자는 왜 예쁜 여자만 찾아?

2

동생은 또다시 고전적인 질문을 던진다.

"남자들은 왜 예쁜 여자들만 찾아? 다들 짐승 같아."

이럴 땐 어떤 말을 해 줘야 할까? 그런 쓰레기 같은 남자가 아직도 있느냐며 맞장구를 쳐 줘야 할까? 아니면 진실을 말해 줘야 할까?

진실은 언제나 단순하다. 그리고 냉정하다. 용기를 내자. 세상을 살아가기 위해서는 진실과 마주해야 할 때가 있고, 그 진실을 말해야 할 때가 있다.

나 남자니까.

올 뭐?

나 남자니까 예쁜 여자를 찾는 거지.

올 사람을 어떻게 외모로 평가할 수 있어? 사람이 물건이야?

나 너희들은 남자들 조건을 따지잖아?

올 조건은 사람의 능력으로 극복할 수 있는 거잖아!

나 요즘 같은 신자유주의 체제에서 본인만의 노력으로 제대로 된 '조건'을 갖춘 남자가 몇이나 될까?

올 …… 어쨌든 노력의 문제잖아!

나 미모도 노력에 따라 달라질 수 있어. 화장을 하고, 가슴에 뽕 넣고, 성형수술하면 돼! 그게 조건 갖추는 것보다 더 쉬울걸?

2010년 우리나라를 강타한 '정의' 열풍을 기억하는가? 마이클 샌델의 《정의란 무엇인가》라는 책. 그 책을 읽고 내린 내 나름의 결론이 있다. 즉, '선천적으로 내가 가지고 태어난 것, 내가 선택을 하지 않은, 아니 선택할 수 없는 것에 의한 차별은 정의롭지 못하다'란 생각이다.

그런 의미로 보자면, 너희들이 말하는 그 '조건'이란 건 점점 더 선택할 수 없는 영역에 다가가고 있고, 너희들이 추구해야 할 '미모'는 점점 더 선택 가능한 영역으로 다가오고 있어. 가끔 너희들과 이야기를 하다보면 "사람을 외모로 평가하는 건 전근대적이고 야만적이야!"라고 말하는데, 그게 왜 야만적인지 모르겠다. 인간의 본성은 '예쁜 것'에 반응하게 돼 있고, 이건 유전자에 각인돼 있어. 수많은 실험을 통해 확인됐지.

이런 욕망이 어째서 야만적이야? 그럼, 조건을 따지는 너희들에게 "속물적이다!"라고 말하면 기분 좋겠어? 우리, 서로 인정할 건 인정하자고. 이건 유전자에 각인돼 있는 인간 본연의 모습이야. 이걸 탓하고, 욕하고, 미워해야 할 하등의 이유가 없다고. 본성 자체를 인정하고, 그걸 대외적으로 표출하는 것이 훨씬 더 인간적이고 올바른 모습이 아닐까?

미모를 타고나는 건 '삼고시'를 패스한 것과 같아

예쁜 여자는 이 사회에서 어떤 존재일까? 한 친구는 이렇게 말했다.

"미모, 그러니까 우리나라에서 미스코리아 예선 대회를 통과할 정도의 미모를 가지고 태어난다는 건 행정고시, 사법고시, 외무고시, 이 삼고시를 통과하고 태어났다고 보면 돼."

간단명료하면서도 핵심을 찌르는 말이다. 이 말을 들었을 때 무릎을 탁 쳤다. 외모지상주의이고 야만적인 인간의 물신화라고 욕한다면 거기에 반론을 제기하고 싶다. 앞에서도 말했지만 인간은 그렇게 만들어졌다. 그 본능을 부정하는 게 과연 옳은 일일까? 그걸 수용하고 인정하는 것에서 출발하는 것이 맞지 않을까?

몇 년 전, 우리나라의 한 유치원에서 예쁜 여선생과 못생긴 여선생을 연이어 교실로 보내 수업을 하게 한 다음 아이들의 태도를 관찰하는 실험을 한 적이 있었다. 5~6세 아이들이었는데, 수업 집중도는 예쁜 여선생이 압도적으로 높았다.

이 꼬마들이 어른들이 정해 놓은 기준에 세뇌되었다고 판단될 수도 있으니 다른 실험 결과를 하나 더 예로 들어 보겠다. 생후 3개월짜리 유아도 어른들이 '미인'이라고 판단하는 여자를 더 오래 바라본다는 것이다. 같은 기준으로 본다면 더 젊은 여자를 더 오래 바라보는데, 이유가 뭘까? 인간은 본능적으로 '미적 기준'을 머리에 각인시킨 다음 태어나기 때문이다. 물론 그 미적 기준은 개인마다 편차가 있고 시대에 따라 다르므로 미인의 기준을 논하기에는 무리가 있을 것이다. 어쨌든 여기서 말하는 미적 기준은 바로 '생식에 관한 기준'에 부합하는 아름다움이라는 것이다.

인간은 본능적으로 섹스를 생각할 때 자신의 2세를 보다 건강하게 낳아 줄 여자를 찾도록 프로그래밍되어 있다. 그런 기준에서 본능적으로 '생식에 합당한 미인'을 찾게 되는데, 그 기준은 크게 2가지로 나눌 수 있다. 바로 '나이와 허리-엉덩이 비율WHR'이다. 나이는 쉽게 수긍이 갈 것이다. "젊음만 한 화장품이 없다"라는 말처럼 젊은 여자가 생식에 유리하기 때문이다.

두 번째 기준인 '허리-엉덩이 비율'은 허리 사이즈를 엉덩이 사이즈로 나눴을 때 0.7에 얼마나 근사치를 이루느냐는 것인데, 비너스 상이나 마릴린 먼로, 소피아 로렌을 비롯한 현대적인 미인들 거의 모두가 0.7에 근사치를 이루는 허리-엉덩이 비율을 보이고 있다. 바로 생식에 가장 적합하고 이상적인 사이즈가 0.7이라는 값을 기억하고 태어나는 것이다.

1953년에 창간한 〈플레이보이〉지의 표지 모델은 창간 때부터 지금까지 이 허리-엉덩이 비율 0.7을 지켜 왔다. 재미있는 사실은 〈플레이보이〉지는 결코 이걸 의도한 것이 아니라는 점이다. 그저 예쁜 모델을 찾다 보니 자연스레 0.7을 지켜 낸 것뿐이다.

여자들이 다이어트에 목숨을 걸고, 젊고 아름답게 보이기 위해

날마다 많은 시간을 들여 화장을 하고, 성형수술과 보톡스 시술을 고민하는 이유가 바로 여기에 있다. 예뻐져야만 남자들이 쳐다봐준다. 불공정하다고 말하고 싶을 것이다. 하지만 이건 불공정한 게 아니라 당연한 것이다. 그게 싫으면 결혼시장에서 철수하면 된다.

남자들은 '조건'이란 카드를 내민다면 여자들은 '미모'란 카드를 내미는 것이 결혼시장의 교환 법칙이다. 이 조건 교환에 불만을 말한다면 거래 자체가 성립되지 않는다. 물론 '불공정한' 중간 과정 덕분에 현대 여성들이 피해를 보기는 한다. 여성들에게는 안 됐지만 현대사회에서 일반적인 미모를 가진 여성들의 경쟁상대가 너무 '거대해'졌다.

애리조나 주립대학 더글러스 켄릭 교수와 동료들은 매스미디어에서 말하는 '이상적인 미모의 여성'과 남자들의 파트너 선택에 대한 연구를 한 적이 있다. 이들은 성적으로 매력 있는 여자의 사진을 본 남자와 평범한 여자 사진을 본 남자의 반응을 조사했는데, 그 결과가 충격적이었다.

성적으로 매력적인 여성의 사진을 본 남자들은 자신의 파트너에 대해서 '진지한 관계를 맺고 싶지도 않고, 만족스럽지도 않다'는 반응을 보였다. 더 중요한 건 이들이 장기적인 관계 유지, 그러니까 '결혼'이나 '동거'를 하고 싶지 않다고 말했다는 것이다.

언제부터인가, 여성들은 매스미디어에 나오는 여자 연예인들과 경쟁하게 된 셈이다. 이들은 자본주의가 동원할 수 있는 거의 모든 수단을 동원해 '예쁘게' 만들어진 존재들이다. 여기에 더해

포토샵과 같은 기술의 도움까지 받아서 말이다.

세종대왕도 얼굴 보고 며느리를 선택했다

모든 비교는 '누군가'와 '어떤 것'의 기준이 있다. 비교가 작동하기 위해서는 어떤 기준이 있어야 하는데, 현대 여성들은 연예인을 기준 잣대로 생각하는 남자들을 상대하고 있는 셈이다. 물론 직접적인 비교가 아니라 무의식적인 인식이긴 하지만 말이다.

이런 존재들과 일반 여성들이 싸운다면 어떻게 될까? 당연히 일반 여성들이 질 수밖에 없다. 과거에 매스미디어가 본격 등장하기 이전의 남자들은 고만고만한 생활 반경 안의 여성들 중에서 미모 순위를 정하고, 그 안에서 고만고만한 선택과 결정을 내렸다. 그러나 현대 여성들은 전 세계 여성들 중에서 가장 예쁜 여성들과 경쟁하게 된 것이다.

주변의 남자들에게 예쁜 여자에 대한 기준을 묻자 대세는 '수지'였다. 수많은 걸그룹들, 그러니까 섹시 아이콘의 아이돌과 레이싱 걸들의 이름을 입에 올렸지만 결혼할 여자를 말하자, 첫사랑의 아이콘 '수지'가 가장 많은 지지를 얻었다. 남자의 이중성이란……. 결국 내 여자는 청순가련형이어야 한다는 건가?

그들에게 진지하게 물어봤다. 여자가 수지처럼 예쁘긴 한데 생활능력이 없고, 살림도 못한다고 가정한다면, 그래도 결혼하겠느냐고……. 1초의 망설임도 없었다.

"당연하지! 미쳤냐? 수지잖아, 수지!"

다시 질문을 던졌다. 돈 많은 못생긴 여자와 돈 없고 빚 많은 수지 중 택하라면? 다양한 의견들이 나왔다.

"빚이 얼마냐에 따라 다르다."

"수지가 연예 활동을 계속한다면, 그 빚 청산하지 않을까?"

"그래도 수지랑 결혼한다!"

그중 가장 압권인 대답은 다음과 같다.

"못생겼지만 돈 많은 여자와 결혼한 다음, 그 여자의 돈으로 수지를 만나겠다."

40세 이혼남의 대답이었다. 가장 합리적인 대안이라며, 극찬을 받았다.

현실적인 질문을 던져 보기도 했다.

"얼굴 뜯어먹고 사는 것도 아니고, 배우자를 고를 때 다른 기준도 있을 거 아냐? 외모의 가중치는 얼마나 될까?"

다양한 의견이 나왔다. 학벌, 집안, 직장, 연봉, 가족관계 등등 많은 조건들이 오갔지만 기본적으로 비슷비슷하다면 결국 '예쁜 여자'라는 것이다. 또한 얼굴이 예쁘면, 다른 조건에서 조금 빠져도 결혼을 고려해 보겠다는 분위기였다.

"남자들 안 그런 척해도 결국은 얼굴하고 몸매잖아요."

"인생 한 번 사는 건데, 기왕이면 예쁜 여자랑 살아야죠."

어쩔 수 없다. 남자들, 다 이렇게 생각하고 산다. 재미있는 사실은 결혼 조건에서 학벌, 직장, 가족관계, 연봉과 같은 다른 조건들에 가중치를 두면서도 좀처럼 외모를 포기하지 않는다는 것이었다. 다른 조건에 더해 외모까지 갖추면 좋지만 조건만 갖추고 있고 외모가 전혀 안 받쳐 준다면 심각하게 고민을 해 볼 거란 의견들이었다.

불공정하다고 말할 수 있을까? 설사 불공정하다고 해도 방법이 있는가? 이 구조 자체를 뒤바꿔 놓을 힘이 여성들에게 있는가? 구조의 문제를 개인적인 노력의 문제로 치환하는 것 같아서 미안하지만 1~2년 안에 결혼해야 한다는 압박을 받는 상황에서 결혼 적령기를 걱정하는 여성들에게 한 세대가 넘게 걸릴 수도 있는 인식의 변환을 위한 노력을 말한다면 어불성설이 아닐까? 결국은 선택의 문제다.

일단 예뻐져야 한다. 부족한 부분은 화장으로 커버하고, 아니면 옷이라도 예쁘게 입고, 가슴에 '보조 장치'라도 장착하는 성의를 보여 주기 바란다. 입에 발린 소리로 외모지상주의를 탓하고, 인성이 어떻고, 사람 품성이 어떻다느니 하는 말은 의미가 없다. 이건 인류 역사 이래로 인간의 본능으로 규정된 것이다. 재미난 이야기 하나를 해 볼까 한다.

> (상략) "불가不可하옵니다. 만약에 한 곳에 모이게 하여 가려 뽑는다면 오로지 얼굴 모양만을 취하고 덕德을 보고 뽑지 않게

될 것입니다"하였다. 임금이 말하기를, "잠깐 본 나머지 어찌 곧 그 덕을 알 수 있으리오. 이미 덕으로서 뽑을 수 없다면 또한 용모容貌로서 뽑지 않을 수 있겠는가. 마땅히 처녀의 집을 찾아 돌아다니면서 좋다고 생각되는 자를 예선豫選해서, 다시 창덕궁에 모아 놓고 뽑는 것이 좋겠다."(하략)

－《조선왕조실록》 세종 11년(1429년) 8월 4일의 기록 중 발췌

광화문 앞에 앉아 계신, 우리 역사를 통틀어 가장 위대한 임금으로 추앙받는 세종대왕의 발언이다. 자신의 아들인 문종의 세자빈을 간택할 때 있었던 일화다. 세종대왕도 자신의 며느리를 간택할 때 덕이나 품성보다는 '얼굴'로 뽑았다는 얘기다. 비록, 그 결과가 좋지는 않았지만 말이다.

예쁜 게 미덕인 세상이다. 노력하자. 그럼 인생이 달라질 것이다. 남자들을 탓하기 전에 자신의 미모를 부지런히 가꾸기 바란다. 여성들도 남성의 조건을 확인하지 않는가? 동일선상에서 이루어지는 거래라 생각하고 불평하기 전에 자신의 미모를 가꾸는 노력을 하길 바란다. 그게 싫다면? 결혼시장에서 철수하면 된다. 누구도 억지로 결혼을 강요하진 않는다.

미모는 여전히 강력한 무기다

강조하고 싶은 게 하나 있다. 즉, 적정시장 가격이 형성돼 있다는 걸 잊지 말라는 것. 이 시점에 애덤 스미스의 '보이지 않는 손'의 개념을 다시 꺼내야 할 것 같다.

이 세상에 예쁜 여자들이 넘쳐난다면 미적 기준은 올라간다. 그러나 미인은 '희소가치'다. 물론, 성형수술을 통해 일정 부분 획득 가능한 형질로 변해 가고 있기는 하지만 여전히 아름다움은 희소가치다. 미인은 한정돼 있다. 그렇다면 이 미인들만 결혼을 하고, 그 나머지 여성들은 결혼시장에서 퇴출되는 게 맞다.

그러나 객관적인 기준에서 미인이라 말할 수 없는 사람들도 다 결혼을 한다. 왜 그런 걸까? 적정 시장가격이다. 그 희소가치를 얻기 위해서는 그만한 대가를 지불해야 하는데, 그 대가를 지불할 만한 '능력'을 가진 남자도 소수라는 것이다.

무미건조하게 말한 것 같은데, 현대의 남성들을 본다면 미모와 결혼의 상관관계에 대해서는 재정의가 필요한 부분이 분명 있다. 연애할 때는 여성의 미모가 절대적 가치로 인정받을 수 있지만 결혼으로 넘어가게 되면 종종 전혀 다른 상황이 전개되기 때문이다. 앞에서 말한 로스트로메디얼을 떠올려 보면 이해가 빠를 것이다. 사람들은 저마다 자기 눈에 아름답게 보이는 사람을 찾는 것이다.

미모와 결혼의 상관관계에 대해 결론 내리기 전에 3가지를 먼저 짚고 넘어가야 할 것 같다. 첫째, 대한민국은 보편혼 사회다. 둘째, 대한민국은 일부일처제 사회다. 셋째, 결혼에는 아름다움 말고도 다른 변수가 있다. 결국 시장가격이 형성되기 때문에 거기에 맞춰 결혼은 할 수 있다는 것이다. 그래도 연애와 결혼은 분명 다르지만 '외적 아름다움'이라는 부분이 차지하는 비중은 여전히 크다.

사랑을 하고, 연애를 시작해 결혼으로 완성되는 것. 이런 프로세스를 생각한다면 미모는 여전히 강력한 무기가 될 수 있다. 물론 결혼에는 다양한 변수가 있고, 요즘 많은 남성들은 '현실적인' 선택을 하는 것도 사실이다. 그러나 모든 문화권에서 100퍼센트 공통된 현상으로 나타난다.

"배우자의 얼굴이 못생긴 건 남자의 위신과 권위를 추락시킨다"라는 연구 결과가 발표된 적이 있다. 남자들이 여성들을 바라보는 기준이 어디에 있는지 한 번 심사숙고해 봐야 할 것이다.

동생의 세 번째 질문

남자들이 변화구를 던지는 이유가 뭐야?

3

갑자기 올리비아가 '붕붕이'를 몰고 우리 집으로 달려온단다. 목소리 톤으로 봤을 때 누군가에게 차였거나, 열 받는 소리를 들은 게 분명하다.

그런데 왜 그 분노를 내가 뒤집어써야 하지? 일단 우리 집으로 오면, 인생 피곤해진다. 전화기를 붙잡고 최대한 수습해야 한다.

나 이번엔 어떤 남자야?

올 …… 예전에 잠깐 만나고, 오빠 동생으로 지내는 사인데…….

나 그런데?

올 두 달 만에 생뚱맞게 연락 와서 밥 먹자고…….

나 밥 먹으면 되잖아?

올 밥 먹었지.

나 그런데?

올 밥 먹고, 차 마신 다음에……. 그냥 헤어졌어.

나 그게 뭐 어때서?

올 짜증나잖아! 간만에 설레는 마음으로 풀 메이크업했는데, 뜨뜻미지근하게……. 간보는 것도 아니고…….

나 응, 간보는 거야.

올 그러니까, 왜 그러는 거냐고……. 좋은 오빠 동생 사이라고 말은 하는데…….

나 지랄하고 자빠졌네. 남녀 사이에 좋은 오빠 동생이 어디 있냐? 그냥 찔러 본 거지.

올 그러니까, 왜 그러냐고? 남자라면 남자답게 용기 있게 대시해야 하는 거 아냐? 언제부터 남자들이 간보고 어장관리했어?

나 어장관리는 너희도 하잖아?

올 우린 여자잖아! 남자랑 여자는 다르지.

나 (아 놔! 이런 논리 전개는 뭐지?) 남자랑 여자가 어떻게 다른데?

올 남자는 직구 승부! 여자는 변화구 승부! 남자가 변화구를 던지는 건 반칙이지!

나 남자가 변화구 던지는 게 뭐가 잘못된 건데? 남자들도 살아보겠다는 거잖아!

올 여자가 남자보다 불리하잖아! 아, 몰라. 변화구는 반칙이야!

여동생의 억지주장을 듣다가 머리가 멍해졌다. 남자도 간보고 변화구 던질 수 있는 것 아닌가? 이게 도덕적으로 질타를 받을 문제는 아닌 것 같은데……? 백보 양보해서 생각해 보면, 슬쩍슬쩍 간보면서 어장관리하고, 다가올 듯 멀어질 듯 거리 유지하며 찔러 보는 게 싫다는 것 정도? 〈파리의 연인〉의 주인공 박신양처럼 "이 여자가 내 여자다!" 당당히 말하고 마초처럼 휘어잡아 달라는 걸까? 아니면, '예스'인지 '노'인지 분명히 밝히고 접근하란 말일까? 어쨌든 노선을 확실히 해 달라는 주문일 것이다. 괜히 변화구 던지며 사람 진 빠지게 하지 말아 달라는 소릴 게다.

Dear Olivia.

홈런 대신
안타를 노리면 되잖아

변화구變化球 : 야구 또는 배구에서 던져진 공의 진행 방향이 바뀌는 공을 말함. 주로 야구 경기에서 투수가 타자의 타격 타이밍 등에 혼란을 가져오기 위해 공이 갑자기 아래로 떨어지거나 공이 휘어져 들어가게 하는 등 공의 속도와 궤적을 바꾸어 던지는 것을 말한다. 일반적으로 공이 직선에 가깝게 들어오는 경우와 달리 변화구의 경우 타자가 공을 치기 어렵다(〈네이버 사전〉 중 발췌).

남녀 관계에서 '변화구'란 다음과 같은 의미일 것이다.

- **직설적으로 교제를 한다는 선언 없이 주변을 맴도는 경우**
- **사귀는 것도 아니고, 사귀지 않는 것도 아닌 관계에서 연락을 주고받는 경우**
- **'간본다'는 표현으로 통칭되는, '떠보기'식 접근과 언어 구사**
- **이성에게 관심이 있는 듯한 뉘앙스를 보이나, 직접적인 접근은 자제하는 경우**

보통 이런 경우 여자들은 속이 타다 못해 새까매진다. 앞으로 남자들은 점점 더 연약해질 것이다. 곰곰이 생각해 보면 그럴 수밖에 없는 상황이다. 사회에서 여자들에게 밀리는 경우가 늘어나고, 가족 구성은 모계사회로 변모해 가고 있다. 한마디로 말해서 20세기까지 건재했던 남자의 경쟁력이 사라져 가고 있다는 것이다. 여기에 대한민국의 '현실'이 남성을 짓누르고 있다. 이렇게 중구난방으로 말하면 어려우니까 작금의 '남자계'의 현실을 정리해 보자.

첫째, 남자는 착하다. 어떤 환경에서 자랐는지, 개인적으로 어떤 성격인지에 따라 개인별 편차는 존재하겠지만 기본적으로 남자는 착하다. 이 사회가, 그리고 분위기가 남자에게 착함을 요구하고 있다. 여기서 말하는 그 '착함'이란 착하다는 '이미지'에 방점이 찍혀 있다. 즉, 속마음은 알 수가 없다. 그리고 여기에 대한 강박을 느끼도록 설계돼 있는 게 남자다.

좋은 남자, 착한 남자가 돼야 한다는 무의식이 남자들의 내면에 자리 잡고 있는 것이다. 덕분에 헤어지더라도 좋은 남자의 이미지를 남기고 싶어 한다. 이미 헤어질 마음이 있음에도 불구하고 '출구전략'을 찾는다. 여자의 경우에는 '다른 남자' 즉, 대타를 구하기 전에는 헤어지고 싶더라도 참는 경우가 적지 않다. 반면 남자들은 착한 남자 이미지를 유지하기 위해 이별을 질질 끄는 경우가 많다.

둘째, 남자는 약하다? 남자란 동물의 기본적인 베이스에는 '거절의 공포'가 있다. 100만 년 전, 그러니까 유인원 시절부터 남자들은 경쟁을 통해 암컷을 쟁취해 왔다. 암컷을 쟁취하려면 카리스마도 있어야 했고, 체력도 받쳐 줘야 했고, 능력도 있어야 했다. 이 경쟁 구도에서 나가떨어지면 패배자가 되고, 암컷에 대한 '선택권'에 상당한 제약을 받게 된다. 우두머리, 즉 '슈퍼 갑'이 선택하고 난 그 나머지들을 골라야 한다.

진화심리학적인 관점에서 본다면 이런 거절은 남자들에게 커다란 공포로 다가올 수밖에 없다. 여기서 문제점이 하나 발생한다. 남자들은 여자들이 자신을 거절한다는 건 곧 자신의 능력을 부정하는 것으로 받아들인다는 것이다. 남자들에게 여자들의 거절은 심리적으로 엄청난 충격을 주는 일종의 '사고'다. 멘탈 붕괴라고 해야 할까? 그러니 조심스러울 수밖에 없다.

셋째, 남자는 약았다? '약하다'와는 다른 의미이고, 앞에서 말한 남자들의 '거절의 공포'와도 뉘앙스가 다르다. 여러 가지 이유가 있겠지만 일단은 일급 정보가 공개됐다는 것과 현실이 녹록하지 않다는 이유를 들어야겠다. 일급 정보 공개는 인터넷과 대중매체의 발달로 여자들이 '어장관리'를 한다는 사실이 드러났다는 의미다. 남자들도 앉아서 당할 수만은 없다는 공감대가 형성된 것이다. 게다가 상담을 할 수 있는 창구도 많아졌다. 하다못해 인터넷 게시판이라도……. 서로 '간'을 보는 것이다.

여기에 현실까지 겹쳐졌다. 지금 세대들은 IMF를 몸으로 겪은 세대다. 그 공포를 알고 있고, 실패에 대한 두려움을 뼈저리게 경험한 세대다. 연애를 한 번 생각해 보자. 연애란 바쁜 사람이 하기에는 여간 부담스러운 행위가 아닐 수 없다. 시간 낭비, 돈 낭비, 체력 낭비, 거기에 '감정 낭비'까지 감수해야 한다. 이런 어마어마한 투자를 했음에도 실패로 끝난다면 그 박탈감이 얼마나 심할까! 그러니 조심스러울 수밖에 없다.

특히나 요즘 젊은 세대는 이런 실패와 패배에 대해 극도의 거부감을 보인다. 우리의 삶을 반추해 보기 바란다. 지금까지 배운 교육들을 되짚어 보자. 우리는 넘어지면 곧 패배자가 된다고 배워왔다. 두 번이 없다. 이런 세상에서 섣부른 모험을 한다는 건, 그야말로 무모한 선택이다.

사실 약아졌다기보다는 어쩔 수 없는 자기방어 본능이 아닐까라는 생각을 해 본다. 그런 까닭에 좀 덜 다치는 방향을 선택한다고 볼 수 있겠다. 원래 사랑이란 건 아플 수밖에 없는 건데, 아픔 대신 자기방어를 선택한 것이다. 점점 사랑이 어려워지는 이유가 바로 여기에 있다.

어쨌든 남자들의 선택이기에 이견을 제시할 수는 없다. 각자의 판단이 아닌가? 확실한 건 이런 추세가 계속된다면 들이대는 남자는 사라지고 간만 보는 남자, 변화구를 던지는 남자들만 늘어날 수밖에 없다는 사실이다.

넷째, 그럼에도 '성적 긴장감'은 있다. 이건 여자들도 알고 남자들도 아는 이야기다. 진화생물학자인 엘런 피즈와 바바라 피즈는 연구를 통해 여자 4명 중 3명은 특정한 이득을 얻기 위해 남자에게 거짓말을 한 적이 있다는 걸 확인했다.

연구 결과를 좀 더 살펴보면, 여자들 중 73퍼센트가 어떤 혜택이나 이익을 얻기 위해 남자들과 시시덕거리거나 섹스의 가능성을 암시한 적이 있다는 것이다. 아, 물론 여성 전체를 매도하는 건 아니다. 다만, 부지불식간에 여자라는 '성적 특징'을 일상에 활용한다고 말할 수 있겠다.

여자들이 회사에 다니면서 다른 부서나 기업, 혹은 기관의 협조를 구해야 하는 상황이 발생했을 경우를 가정해 보자. 남자보다 여자의 경우가 일을 진행하는 게 한결 수월할 것이다. 동일 인물이 있고, 이 인물과 비슷한 시간 동안 비슷한 친밀도를 가진 남자와 여자가 있다고 할 때 그렇다는 얘기다.

이 두 사람이 동일한 뭔가를 부탁했을 때 여자들의 부탁이 더 쉽게 받아들여진다. 이유가 뭘까? 간단하다. 남자들은 여자들을 바라볼 때 성적 긴장감을 가지고 있기 때문이다. 쉽게 표현하면 이런 상상이다. '잘하면 저 여자랑 섹스할 수 있을지도 몰라. 물론 그러자면 꽤 큰 걸 해 줘야 하거나 뭔가 구체적인 사인이 있어야겠지만 말야.' 혹은 '저 여자와 섹스를 하면 어떤 기분일까?' 아니라고 말하고 싶은가?

정도의 차이는 있겠지만 어떤 사람의 경우 스스로 미처 인식하지도 못할 정도의 미미한 감정일 수도 있겠고, 또 다른 누군가는 실현 가능성에 초점을 맞춰 50퍼센트 이상의 감정을 가지고 대할 수도 있다. 물론 그렇다고 구체적으로 행동으로 옮기지는 않겠지만 말이다.

남자들은 주변 여자들을 대상으로 '섹스 판타지'를 가지고 수

시로 상상의 나래를 펼친다. 정도의 측면에서 차이가 있을 뿐이지만 여자들도 무의식적으로, 혹은 의식적으로 그걸 느끼고 있을 것이다.

이 말은 '아는 오빠'란 건 존재할 수 없다는 의미가 된다. 아울러 남자친구가 여자친구의 '아는 오빠'를 싫어하는 것에 대한 나름 명쾌한 해명이 되기도 한다. 남자들 스스로도 그걸 잘 알고 있다. 즉, 애인이나 배우자에게 '불순한 마음'을 가지고 있다는 전제 아래 그 오빠들을 싫어하는 것이다.

여기서 중요한 건 남자들은 연락하는 모든 여자들에 대해 일정 수준 이상의 성적 긴장감을 느낀다는 점이다. 그 연락과 접촉의 빈도수에 따라 성적 긴장감의 수위는 올라간다고 볼 수 있다.

남녀 간의 우정? 글쎄……. 어머니를 제외한 모든 여자들과의 섹스를 상상하는 것이 남자다. 얼굴이 예쁘다는 전제 하에 그렇다. 무의식적이든, 의식적이든, 그걸 전제로 사고해야 한다. 물론 여성들도 어느 정도 알고 있고, 이런 분위기를 활용하는 부분이 있겠지만 그런 경험이 없다면 이 기회에 확실히 인지해 두는 것이 좋을 것이다.

다섯째, 남자들은 좋아하는 여자가 생기면 변화가 생긴다.

정말 획기적으로 정신적, 혹은 육체적으로 변화가 생긴다. 그리고 거의 예외 없이 여자들에게 연락을 취하려는 시도를 하게 돼 있다. 다만, 그 방법론적인 측면에서 예전의 경우에는 끙끙 앓다가도 결국에는 고백을 하는 경우가 있었다.

최근에는 우회로를 개척하거나 혼자서 '뇌 내 망상'을 하는 경우가 많다. '내가 대시해도 저 여자는 날 거절할 거야. 설사 만난다고 해도 저 여자는 날 어장관리용으로 생각하다가 결국 차 버릴 거야. 그럴 바에는 그냥 이렇게 고민하다가 접는 게 차라리 낫지 않을까!'

남자들이 '변화구'를 던질 수밖에 없는 이유

그들은 왜 연애를 주저하는 걸까? 아니, 연애도 아니고 연애가 아닌 것도 아닌 행동을 하는 걸까? 다 떠나서 뜨뜻미지근한 반응을 보이는 이유가 궁금했다. 고래로부터 적극적인 대시를 하는 게 남자의 모습이지 않았던가.

"편차가 있는 게 아닐까요? 그런 애들도 있고, 아닌 애들도 있고……. 사람마다 다른 거지만, 하긴 애들이 약아지긴 했죠. 여자들도 어장관리하고, 남자들 간보잖아요? 남자라고 그걸 하면 안 되는 이유가 뭐죠?"(프로그래머, 34세)

"인터넷으로 연애를 배워서 그런 게 아닐까요? 인터넷 보면, 여자 애들 사람 취급 안 하고, 거의 뭐 공공의 적 취급하는데, 막상 현실에서는 상황 파악 못하고 빌빌거리잖아요. 그러면 다시 인터넷 들어가서 연애 방법 찾고……. 기본적으로 컴퓨터에 의존하는 라이프 스타일 때문인 거 같은데요?"(대학원생, 31세)

"귀찮은 게 아닐까요? 좀 예쁜 여자들한테 접근하려면 힘들잖아요? 경쟁자도 많고, 그렇게 자연스럽게 포기하는 거 같은데요? 여자 사귀려면 장애물이 너무 많아요. 그 장애물이 한두 개면 그럭저럭 넘어가겠는데, 여성 사이트 가 보니까 최악의 남자 중 하나가 '데이트 코스 미리 정하지 않고 나온 남자'도 있더라고요. 최소한 맛집이랑 볼 거리 정도는 확인하고 나오라는 거잖아요. 형 때 연애하던 때와 달라요. 요즘은 스마트폰 나오고, 무선 랜 깔리고 해서 남자가 다 알아서 해 와야 해요. 아니면, 여자들이 매너 없다고 해요. 이거 한두 번 해 보면 얼마나 귀찮은지 알 거예요."(직장인, 32세)

"드라마가 문제예요. 여자들 눈높이를 엄청나게 높여 놨어요. 아예 못 봤으면 모르겠지만 봤잖아요? 보니까 말하게 되고, 비교하게 되고, 그럼 아예 거기서 빠지는 게 낫다는 거죠."(직장인 33세)

"돈 없고, 능력 없으니까 안 만나는 거라니까요. 요즘 연애하려면 돈하고 시간하고 얼마나 깨지는데……. 가뜩이나 쪼들리는데, 여자 선택 잘못해 봐요. 돈은 돈대로 투자했는데 차이면 그 마이너스를 어디서 벌충해요? 안전 투자할 수밖에 없어요."(작가, 36세)

남자들이 능력을 키우는 수밖에 없다는 결론이 나온다. 그렇지 않으면 불균형이 더 심해질 수밖에 없다. 갈수록 여성의 사회 진출은 늘어나고, TV 드라마와 CF 덕분에 눈높이는 올라간다. 그러나 남성의 능력은 제자리걸음, 아니 오히려 후퇴하고 있다. 이 상황에서 어쩔 수 없는 타개책으로 나온 것이 변화구다.

이제 21세기에 등장한 '신新남성'들이 어떤 존재인지, 왜 그런 행동을 하는지 어느 정도 이해할 수 있을 것이다. 앞으로 남자들은 더 연약해질 것이다. 그리고 변화구를 던질 것이다. 그들도 살아야 하지 않겠는가.

여자들은 여기에 어떻게 대처해야 할까? 선구안을 최대치로 끌어올려서 변화구에 대처해야 한다. 그리고 배트를 짧게 잡고 콤팩트한 타법을 연마해야 한다. 홈런 대신 안타를 노린다고 생각하면 이해가 빠를 것이다. 그게 비법이다. 하나씩 설명해 보자. 우선 '선구안'이다.

선구안에는 두 가지 의미가 있다. 하나는 그 남자가 너와 결혼할 정도의 '조건'이 되는가 하는 것이다. 이건 설명을 안 해도 어련히 알아서 남자의 조건을 스캔할 터이니 논외로 치겠다. 그다음이 이 남자가 과연 내게 마음이 있는가 그렇지 않은가라는 대목이다.

남자의 그 '마음'을 어떻게 확인할 수 있을까? 처음 만나는 여자에게 반해 안절부절 못한 채 숨을 헐떡이며 볼에 홍조를 띠는 남자, 요즘은 거의 사라졌다. 아울러 의사소통이 가능한 '언어'로 들이대는 경우도 아주 드물다.

연락의 횟수와 간격으로 확인하는 방법이 가장 확실하다. 첫 만남 이후, 혹은 만남을 계속 이어 나간다고 가정할 경우 3일 이내로 계속 연락을 한다면 관심이 있다고 보아도 좋다. 7일 이내의 경우에는 관심은 가지만 아직 스스로도 헷갈리는 경우라고 보면 된다. 7일 이후면 아예 쳐다보지도 않는 게 좋다. 몇 달 만에 연락 오는 경우에는 어장관리 혹은 단순히 '섹스'를 염두에 두고 찔러 보고 있다고 판단해도 무방하다.

결론은 첫 만남 이후 3일 이내로 문자를 포함한 모든 통신수단을 활용해 연락이 오는 경우나 7일 이내로 반복적으로 연락이 이어지는 경우 어느 정도 관심이 있다고 결론 내려도 좋다. 이 남성들을 '사정권' 안에 두고 준비를 하면 된다. 확신이 안 서는가?

'변화구' 던지는 남자에 지혜롭게 대처하는 방법

"남자는 관심이 있는 여자에게만 돈과 시간을 쓴다"라는 금언이 있다. 이건 지금도 유효한 명언인데, 문제는 여기서 한 발 더 나아가느냐 나아가지 못하느냐다. 이때 등장하는 게 클릭B의 김상혁이다. "술은 마셨지만, 음주운전은 아니다"라는 유명한 '명언'……. 다들 기억할 것이다.

어려운 말을 쓰자면 '형용모순'의 대표적인 사례라고 말할 수 있는데, 요즘 남자들이 이렇다. 마음도 있고 접근도 하고 싶지만 연애 감정은 아니라고 선을 긋는다. 즉, 좋아는 하지만 연애감정은 아니라고 말하는 셈이다.

여자에게는 남자가 "우리, 사귀는 거다"라고 입으로 말하는 '약속'이나 '선언'이 필요한데, 이걸 입 밖으로 내놓는 순간 이게 성공할까? 혹시 실패하는 게 아닐까라는 불안감을 갖게 되는 것이다.

이런 경우 어떻게 해야 할까? 가장 중요한 건 여성들의 대응 자세다. 쉽게 말해, 문턱을 좀 낮춰 주라는 얘기다.

예전 같으면 "10번 찍어 안 넘어가는 여자 없다"라는 표현이 대세였지만 요즘은 그럴 만한 시간도 여력도 없다. 그리고 이 10번 찍는다는 행위와 넘어간다는 행위 사이의 여자의 심리 상태를 보면 남자의 입장에서 보면 억울하기 짝이 없다.

왜 10번일까? 이미 처음 찍을 때 여자들은 넘어가겠다는 생각을 갖고 있다. 그러나 좀 더 지켜보는 것이다. 여자들이 갖고 있는 그 '못된 습성', 여성들이 더 잘 알 것이다. '사랑의 확인', '사랑의 시험'이란 표현으로 강요되는 남자들에 대한 '확인 작업'이 들어가는 것이다.

보통 여자들의 경우, 10번쯤 찍을 때쯤 되면 '그래? 그럼 슬슬 넘어가 줄까?'라는 생각을 하기 시작한다. 이미 그 전에 간볼 거 다 보고, 호구조사할 거 다 한 상태에서 사랑의 시험, 혹은 사랑의 확인에 들어가는 것이다. 이미 결정은 처음에, 혹은 최소 2~3번째 '찍기'에서 다 해 놓은 상태에서 괴롭히는 것이다. 무슨 'SM 플레이'도 아니고…….

끊임없이 확인을 받고 싶어 하는 게 여자들의 마음이란 건 인정하지만 요즘 세상에서는 그랬다간 자칫 평생 혼자 살게 될지도 모를 일이다. 단 미모가 동네 연예인 급, 그러니까 길거리 캐스팅 명함을 받아 본 적이 있을 정도라면 제외겠지만 말이다.

내가 말하고 싶은 건, 시험 출제할 때 학력 편차를 고려해 달라는 얘기다. 아니, 아예 시험과목을 바꿔 주길 바란다. 오픈북 형태로 가든가, 객관식으로 가든가……. 논술 같은 건 아제 그만하길 바란다.

"사랑해? 얼마큼 사랑해?"

이런 불필요한 문제는 내지 말자. 화난다. 받아들여 줄 것 같은 분위기를 풍겨라.

"저도 ○○○ 씨랑 같은 생각이에요."

"○○○ 씨, 전화 고마워요! 그렇지 않아도 마침 뭐할까 고민했는데……."

그 남자에게 마음이 있다면, 한쪽을 열어 두기 바란다. 이 여자에게 대시를 하더라도 거절당하지 않겠구나. 이 여자 정도면 내가 정복할 수 있겠구나, 라는 '판단 자료'를 건네주면 된다. 이런 건 여성들이 더 잘 알고 있을 것이다.

자신의 연애에 대해 가장 잘 아는 건 자신뿐이다. 스스로 판단해야 할 사안이라는 것이다. 감이 올 것이다. 여자들이 그런 감 하나는 예민하지 않은가? 임기응변, 즉시 대응! 변화구를 던지는 남자에게는 임기응변, 즉 신속하고 정확한 판단이 중요하다.

이야기가 자연스럽게 '콤팩트 타법'으로 넘어갔는데, 이 이야기의 핵심은 간단하다. '홈런 대신 안타'라는 것이다. 처음부터 결혼 상대라고 결정한 상태에서 만나는 것? 미친 짓이다. 우선 탐색을 해 봐야 한다. 가벼운 마음으로 타석에 들어서서 홈런이 아니라 안타, 안타 아니면 진루타, 정 안되면 기습 번트라도 시도해 보는 것이다.

거듭 강조하건대, 지금 결혼 적령기를 살짝 넘긴 여성들은 시대를 잘못 타고났다. 어쩔 수 없다. 그러니 최대한 끈질기게 타석에 달라붙어서 세 번째까지 볼을 확인하기 바란다.

남자들도 약해지고, 약아졌고, 불쌍해졌다. 알고 보면 불쌍한 게 남자들이다. 여자들을 위해서, 또 남자들을 위해서도 기회를 주기 바란다. 그 기다림 속에서 그야말로 근사한 기회가 생길 수 있을 것이다.

최근 연애 지침서의 인기가 높아지면서 무슨 대단한 연애 스킬이나 남자를 한 번에 녹여 버릴 마법의 주문을 원하는 경향이 생겼다. 솔루션에 미쳐 있고, 빨리빨리 정신에 매몰돼 있는 한국인들의 '병'이라고 생각한다. 세상 모든 일이 그렇지만, 연애는 '경험'이다. 연애를 많이 할수록 경험치가 쌓이게 되고, 경험치가 쌓일수록 좋은 남자를 고를 확률이 높아지는 게 현실이다.

하지만 그 경험치를 여성들에게 일률적으로 요구할 수는 없지 않은가? 그래서 책을 보겠지만 책과 경험은 다르다. 아울러 주변에서 아무리 이야기를 하고 책을 적용한다 해도 결국은 제자리로 돌아가는 게 일반적인 사람의 패턴이다. 내가 직접적인 솔루션 제시를 꺼리는 이유 중 하나다. 이 글들은 남자들에 대한 이해와 납득의 재료로 사용하고, 스스로의 감을 믿어 보기 바란다. 그게 가장 빠른 길이다.

'어장관리'는 여자들만의 전유물이 아니다

내 여동생 올리비아처럼 "남자들의 변화구는 반칙이다!"라며 성토하는 여성을 만난 적이 있다. 그 논지는 간단하다. 이 사회가 여성들에게 강요하는 '정조'와 '순결'에 대한 압박과 시간에 따른 감가상각이 남성에 비해 훨씬 큰 여성들로서는 어장관리를 할 수밖에 없다는 논리였다. 즉, 어장관리는 여성들의 전유물이라는 것. 또한 여성들은 어쩔 수 없는 제약 속에서 최상의 결과를 얻어 내기 위해 어장관리를 하고, 모호한 태도를 취한다는 것이었다.

앞에서도 말했지만, 여자들한테 '의지'만 있다면 결혼은 쉽게 할 수 있다. 결혼이라는 '목적' 그 자체에만 충실하다면 말이다. 물론, 이때 조건은 한없이 내려갈 것이다. 결론은 '조건'의 문제다. 결혼을 애정의 연장선상에서 보지 말고 시장 논리로 접근해 보자. 애초 사랑의 연장으로 결혼을 생각하니까 이야기가 꼬인 것이다.

결혼과 애정을 별개의 문제로 봐야 한다. 다시 말하지만 근대 이전의 결혼이 좀 더 합리적이었다. 자유연애라고 말하지만 우리는 부지불식간에 상대방에 대한 조건을 말하지 않는가? 그렇다면 근대 이전의 결혼과 뭐가 다른가?

세상의 모든 움직임의 이면에는 '인센티브'가 존재한다는 말을 잊지 말자. 우리는 입으로 사랑을 말하지만 그 이면에는 저마다 상대에게 바라는 '뭔가'가 있다. 그게 무엇인지는 우리 스스로가 잘 알고 있고, 그걸 입 밖으로 편하게 내뱉는 순간 '조건'이라는 이름으로 구체화된다.

이 '조건'이 나쁘다는 게 아니다. 문제는 '최소투자, 최대효과를 얻겠다는 우리의 마음이다. 경제학의 기본 원리가 그대로 적용되는 것이다. 이게 나쁘다는 것이 아니다. 어차피 우리는 인센티브로 움직이는 존재이니 말이다. 진짜 문제는 이 '최소투자'의 변명으로 '사랑'을 끌어다 붙인다는 데 있다. 이때부터 우리의 감정과 결혼, 사회적 지위가 헝클어진다는 것이다.

조건에 대한 여자들의 환상은 실로 어마어마하다. 통계에 따르면, 미혼 여성의 40퍼센트가 연봉 6천만 원 이상의 조건을 가진 남성과 결혼하길 희망한다. 문제는 25~34세 사이의 결혼 적령기 미혼 남성 가운데 연봉 6천만 원 이상의 남성은 3.5퍼센트 정도밖에 안 된다는 점이다. 현실과 이상의 차이인 것이다.

조건 이야기를 계속하는 이유가 바로 여기에 있다. 그 3.5퍼센트 안에 들어간 남성들은 안타깝게도 자신보다 어린 여자를 선호한다. 왜? 자신은 조건을 갖췄기 때문에 선택의 폭이 넓기 때문이다. 기왕이면 어린 여자, 예쁜 여자를 찾는 게 남자의 속성이다. 그렇기에 조건에 대한 이야기를 하는 것이다.

동생의 네 번째 질문

초식남이 좋아지면 어떡해?

4

언제부터인가, '초식남'이라는 종족이 우리 사회에 등장했다. 이는 언론이 만들어 낸 또 다른 '상품군'이다. 사람들은 육식계인 보통 남자와 달리 여자에 대해 무관심하고, 자신의 삶에 천착하는 이들에 대해 비아냥스런 시선을 보내기도 했고, 여성지나 패션지를 중심으로 '초식남 공략법'에 관한 연애상담이 줄을 이었다.

솔직히 이해가 안 갔다. 여자에게 관심 없다면 여자들도 관심을 끊으면 되는 것 아닌가? 그런데 왜 관심을 갖는 걸까? 아까운 걸까? 어느 정도 능력도 되고 조건도 좋다. 아직까지 장가를 안 갔으니 나이도 적정선이다. 게다가 사람도 착하고 매너도 좋다. 그런데 딱 한 가지, 여자에 대한 관심이 없다.

포도를 바라보는 여우의 마음이랄까? '저거, 분명 신포도일 거야.' 이렇게 스스로를 설득하면서도 어딘지 모를 묘한 아쉬움이 남아 있다. 내 동생의 사정권 안에도 초식남이 한 명 있다. 동생은 2년째 이 초식남을 어떻게 해야 할지 고민 중이다.

올 **오빠, P팀장 있잖아.**

나 **회사라면, 팀장이 있겠지. 팀장뿐이냐? 부장도 있고, 이사도 있잖아.**

올 **오빠!**

나 아 놔, 그래서 뭐? P팀장이 뭐 어쨌다고?

올 아니, 그게……. 나한테 계속 사인을 보내는 것 같아서. 엄청 친하게 대하거든. 종종 같이 술도 마시고…….

나 그래서?

올 그러니까, 나한테 관심 있는 게 아닐까라는…….

나 2년째라면서? 그리고 너한테만 친절한 것도 아니라면서? 그냥 포기해라.

올 이 나이 먹어 봐! 주변에 멀쩡한 남자 몇 없다니까!

나 그래서 초식남을 건드리겠다? 초식남은 모두가 나서서 보호해야 할 인류문화유산이야. 이런 초식남을 보호하고 번식시켜야 할 마당에 너의 더러운(?!) 욕망의 희생양이 되게 할 순 없어.

올 오빠!!!

Dear Olivia.

그냥 보호해 주면 안 될까?
그래도 포기가 안 되면……

'초식남'은 일본의 여성 칼럼니스트 후카사와 마키가 명명한 용어다. 위키백과사전에 따르면, 기존의 '남성다움(육식성)'을 강하게 어필하지 않으면서도, 주로 자신의 취미활동에 적극적이지만 이성과의 연애에는 소극적인, 동성애자와는 차별화되는 남성을 일컫는다.

초식남이란 존재가 왜 등장했을까? "이 세대들은 물질적으로 풍요로운 시대에 태어나 치열하게 살 필요가 없었다는 점이 가장 큰 문제"라고 이 말을 최초로 만들어 낸 후카사와 마키는 지적한 바 있다. 여기에 더해 일본 경제의 '잃어버린 10년'을 통해 야망을 거세당했다는 것이다. '큰 야망 가지지 말고, 적당히 살면 돼!'

그럴 수밖에 없었을 것이다. 그들이 바라본 아버지 세대들은 치열하게 삶을 꾸려나갔다. 그러면서도 언제나 고개 숙인 모습을 보여 주어야 했다. 그런 아버지를 보면서 무엇을 배웠을까? 야망? 인생 별것 없다는 걸 그들은 너무도 잘 알게 된 것이다.

하지만 남자란 종이 열광하는 '섹스'에 관한 문제가 남는다. 일본을 한 번이라도 가 본 사람이라면 잘 알 것이다. 풍속 사업의 다양화와 그 접근성, 각종 AV들을 보라! 머리 아픈 연애보다는 쿨하게 '본론'만 말하는 '프로'가 편하다는 합리적인 생각을 하게 되기 쉽다. 그리고 이를 행동으로 옮기게 된 것이다. "돈을 내는 섹스와 그냥 하는 섹스 사이의 큰 차이점은 돈을 내고 하는 섹스가 비용이 훨씬 덜 든다는 것이다"라는 브랜든 프랜시스의 말을 확인할 수 있는 대목이다. 이건 진리이며, 사실이며, 진실이다.

이제까지의 남성성은 공격적이며 야망을 품고 살아가는 모습을 롤모델로 삼았다. 하지만 이렇게 사는 남성이 얼마나 힘든지에 대해서는 제대로 조명해 본 적이 거의 없다. '남자답게', '남자다움', '남자로서' 따위의 수식어가 문장의 앞에 붙을수록 남자들은 힘들어진다. 만약 이 '힘듦'이 적절한 보상으로 돌아온다면 감내할 수도 있을 것이다. 하지만 유감스럽게도 그랬던 적이 없다. 적어도 자신의 아버지들을 바라본 바로는 말이다.

여기에 험난한 경제위기와 취업난이 더해지면서 귀찮은 연애보다는 차라리 자신에게 집중하는 길을 택하게 된 것이다. 자신들이 좋아하는 취미활동을 하면서 인생을 풍요롭게 살아가는 길을 선택하게 된 것이다. 강요된 현실과 자발적 선택의 중간 어디쯤이라고 볼 수 있겠다. 거듭 강조하지만, 남자들은 점점 더 연약해질 것이다.

그럼 이런 초식남이 한국에는 어떻게 해서 들어오게 된 것일까? 외부에서 들어온 것이 아니라 자연발생적으로 생겨난 것이라고 보아야 한다. 어쩌면 이것은 너무도 당연한 결과다. 왜냐하면 일본과 마찬가지로 우리의 환경이 자연발생적으로 초식남이 생겨날 수밖에 없는 조건이기 때문이다. 하나씩 살펴보자.

첫째, IMF 경제위기를 겪으면서 쓰러져 가는 아버지를 보게 되었다. 그로 인해 가장으로서의 무게를 실감하게 된 것이다. 또한 밑도 끝도 없는 경쟁체제에 내몰리면서, 연애감정이 사치라는 걸 처절하게 확인하게 되었다.

둘째, 인터넷의 등장으로 이제 새로운 형태의 인간관계를 형성하고, 자기만의 취미를 찾아가고, 이를 즐길 수 있는 환경이 조성되었다.

셋째, 대한민국의 성매매 산업이 획기적으로 커졌다. 심지어 전기, 가스, 수도사업보다 큰 규모다. 농업도 제쳤다. GDP의 4퍼센트를 훌쩍 뛰어넘는 엄청난 규모다. 풀타임 기준으로 성매매 산업에 종사하는 여성 20~30대 인구의 4.1퍼센트, 같은 연령대 취업여성 인구의 8.0퍼센트가 성매매 산업에 종사한다는 통계도 있다. 한 연구 결과에 따르면, 15세에서 29세까지의 여성인구 800만 명 중 티켓다방, 룸살롱, 단란주점, 보도방 등 성매매 관련 업종에 종사하는 여성의 수가 대략 120만에서 200만 정도라고 한다. 성매매가 이 정도로 수월한 나라는 지구상에 거의 없다.

넷째 연애, 결혼, 출산을 포기한 '삼포세대'로 대표되는 현실경제의 엄혹함 때문이다.

다섯째, 섹스가 재미없어졌다. 여기에는 외적인 요인이 많이 작용한다. 이에 대해서는 설명이 좀 필요할 것 같다. 1990년대 중반 의학계에서는 때 아닌 '섹스 위기론'이 퍼진 적이 있었다. 이유인즉슨 1978년 남성의 '오르가슴의 순간'인 사정할 때 기록된 뇌파 수치가 190이었는데, 1990년대 중반에는 170까지 떨어졌기 때문이다. 만약 이 뇌파지수가 150까지 떨어지면 인간이 느낄 수 있는 쾌락의 왕좌는 식욕이나 다른 욕망에 그 자리를 넘겨줘야 할 것이라고 호들갑을 떨며 섹스위기론을 들고 나왔던 것이다. 한마디로 말해서 섹스보다 더 재미있는 것들이 우후죽순 생겨나고 있다는 것이다. 여기에 불을 붙인 것 중 하나가 바로 '야동'이다.

연애와 섹스까지 거부하는 '신인류'가 탄생했다

재미있는 에피소드를 하나 더 소개해야겠다. 1990년대 범람하는 포르노 때문에 골머리를 앓던 중국 정부는 포르노를 근절해야 할지 말아야 할지 고민스러웠다. 산아제한 정책을 통해 인구를 억제해야 하는데, 경제개발을 하기 위해 개혁개방을 추진하다 보니 서구의 음란물에 중국인들이 노출된 것이다. 1982년부터 중국은 음란물 퇴치를 위해 10년 동안 21명이나 되는 사람들을 사형시켰다. 이들은 포르노를 제작하거나 유통하다 걸린 사람들이었다.

사형만으로는 음란물의 거센 파도를 이겨 낼 수 없다고 판단한 중국은 같은 동양권이자 포르노 대국인 일본에 음란물 조사단을 파견했다. 일본의 실태를 파악해 포르노에 대한 대처법을 개발하자는 것이었는데, 일본을 시찰하고 난 다음 중국은 포르노에 대한 '묵시적 허용'으로 돌아섰다. 어차피 막으려 한다 해도 그걸 다 막을 수도 없을 테지만 말이다.

어쨌든 이유는 간단하다. 계속되는 포르노 시청이 성에 대한 환상을 무너뜨리고, 보다 강한 자극을 찾게 된다는 것이다. 결국 이런 게 엮여져 LSD(Low Sexual Desire: 저성욕증)의 늪에 빠진다는 것이다.

어떤가? 이 정도 되면 한국에서도 초식남이 출몰하는 게 당연하다고 느껴지지 않는가? 남자들이 더 이상 무거운 족쇄를 차지 않고 남편이라는 이름, 아버지라는 이름, 결정적으로 가장이라는 이름으로 부과된 그 엄청난 짐을 벗어 버리고 개인을 위해서만 산다는 것이다.

사회적 의무를 말하기 이전에 개인의 행복을 바라는 세대에게 연애와 결혼, 출산을 강요하는 것은 억지라고 본다. 현재 연애와 결혼을 생각할 수 있는 경제적 여유도 안 되고, 설사 된다 하더라도 결혼하는 순간 개인은 사라지고 생활에 매몰될 게 뻔한 요즘 세대다.

여기서 다시 여성들의 불만이 터져 나올 것이다.

"남자는 적당히 즐기다가도 마흔 넘어 장가 갈 수 있지만 여자들은 나이가 차면 거들떠도 안 본다! 이런 불평등이 어디 있나? 그나마 괜찮아 보이는 남자들이 모두 초식남이라 선언하면 여자들은 어떻게 해야 하나? 이대로 늙어 죽어야 하나?"

인정한다. 하지만 이들이 선택한 라이프 스타일을 주변에서 뭐라고 하는 것도 문제이지 않은가? 그건 각자의 삶의 방식이다.

"그런 게 어디 있나? 그들이 아직 연애와 사랑의 희열을 제대로 맛보지 못해서 그렇다."

그들이 원하지 않는다면? 사람들이 종종 착각하는 게 한 가지 있는데, 연애와 결혼은 어느 일방의 노력으로 이루어지는 게 아니라는 점이다. 물론, 초기에 누군가가 바짝 드라이브를 걸 수는 있다. 그러나 오래 가기는 어렵다. 평양감사도 자기가 싫으면 그만인 것이다.

혼자 즐기겠다는 남자들을 어떻게 말리겠나? 솔직히 즐길 것도 많다. 섹스에 대해 생각할 수도 있는데, 테크닉적으로 일반 여성과는 비교할 수 없는 '프로'들이 지천에 널려 있다. '프로의 손길'을 한번 맛보면 일반 여성들은 생각도 안 난다. 프로의 손길을 못 느껴도 상관없다. 그들에게는 '오른손'이 있다. 마왕 신해철이 라디오에서 했던 말이 있다.

여자의 질은 남자의 악력握力을 절대 이길 수 없다.(신해철)

이 내용은 자위와 섹스가 대체재나 보완재의 관계가 아니라 별개의 존재라고 말하는 과정에서 나온 말이다. 그들을 그냥 내버려두면 안 되는가? 역사상 자발적으로 결혼을 거부하고, 혼자만의 삶을 추구하는 인류가 출현했던 적이 있었던가? 그것도 동시다발적으로 말이다. 20세기 후반부터 여피족이나 딩크족과 같은 신인류들이 출현했지만 이들의 경우 기본적으로 연애와 섹스, 가정의 틀을 완전히 거부하지는 않았다. 그런데 이제는 아예 연애와 섹스까지 배제한 전혀 새로운 '종족'이 등장한 것이다. 물론 여기에는 일정 정도 강요된 거부도 있겠지만 말이다. 개인의 행복을 존중해 그들의 방식으로 살게 내버려두는 것이 좋겠다.

이들을 누가 욕할 수 있을까? 그들 나름의 방식대로 자신의 인생을 소비하는 것이다. 그 선택과 라이프 스타일을 두고 타인이 왈가왈부할 이유가 전혀 없다. 아니, 오히려 권장해야 하지 않을까? 대한민국, 참 살기 힘들다. 그들에게 족쇄를 못 채워 안달이 난 모습을 볼 때마다 난 가슴이 아프다. 자발적이든 비자발적이든 그들은 자신에게 가장 편한 삶을 선택한 것이다.

혼자 즐기겠다는 남자를 어떻게 말려!

주변에 초식남인 후배가 한 명 있다. 여자들에게 인기 좋다. 생긴 것도 괜찮고, 직업도 탄탄하고, 성격도 좋고, 배울 만큼 배웠다. 일본 유학까지 갔다 왔으니까. 그에게 왜 여자를 사귀지 않는지 물어봤다.

후배 귀찮아요.

나 왜 귀찮지? 여자랑 있으면 좋지 않나?

후배 요즘 여자들, 귀찮아요. 데이트하려면 미리 조사해서 하다못해 맛집이라도 알아놔야 하잖아요? 돈은 돈대로 쓰고, 고생은 고생대로 하고, 그런 미친 짓을 왜 해요?

나 여자랑 사귀면 좋지 않냐? 그래, 만지고 싶고 섹스도 해야지…….

후배 말씀드렸잖아요. 저는 '했다고 쳐요.' 여자랑 만나서 말하고, 모텔 가고, 씻고, 벗기고, 섹스하고, 다시 누워서 이야기 들어주고, 씻고, 담배 피우고, 나오고……. 이거 다 경험해 본 거니까 했다 치고, 안 하는 게 낫지 않을까요? 섹스 한 번 하자고, 감정 낭비, 시간 낭비, 돈낭비 하고 싶지는 않아요.

이 대목에서 난 완전 충격 먹었다. 후배 녀석이 오타쿠 기질을 보이긴 했지만 이 정도일 줄은…….

나 너 게이냐?

후배 아뇨.

나 그럼, 성욕이 없냐?

후배 가끔 생기긴 하지만, 그땐 뭐……. 솔직히 지금 저 혼자 이렇게 즐기는 게 좋아요. 저 하고 싶은 취미(영상, 컴퓨터) 열심히 하고, 공부하고, 저 위해서 사는 거죠. 형, 행복해요?

나 응?

후배 결혼해도 힘들다면서요? 그리고 형, 돈 벌어서 형이 써요? 아니잖아요?

나 가족이란 게 필요할 때가 있지 않을까?

후배 외롭지도 않고요. 설사 외롭더라도 당장의 외로움에서 도망가겠다고 족쇄 달고 싶지는 않아요. 남들 한다고 다 따라하면 남들 죽을 때 따라 죽게요? 전 그냥 이렇게 나 자신 위해서 시간 쓰고 돈 쓰는 게 좋아요. 그리고 저, 감정 낭비 하는 거 싫어요. 그냥 지금이 편해요.

나 You win!!

부러웠다. 연봉 4천 정도인데, 삶의 질은 나보다 훨씬 더 높았다. 혼자 벌어서 혼자 즐기겠다는 것이다. 녀석은 여자에 대해 정확히 한마디로 정의를 내려 버렸다. '귀찮은 존재.'

놀라운 사실은 30대 남자들 중에서 이 "귀찮다"라는 표현을 쓰는 애들이 꽤 있다는 것이다. 어디까지나 개인적으로 내 본 통계지만 말이다. 예전 같으면, 여자들이 작은 투정이나 짜증을 부리면 전전긍긍하며 화를 풀어 주기 위해 동분서주했던 게 남자였는데, 요즘 남자들은 확실히 달랐다.

여자가 예쁘지 않았던 걸까? 성격이 더러웠던 걸까? 아니면, 말도 안 되는 걸로 트집을 잡아서 짜증이 나서 그런 걸까? 물어보니 다들 "아쉽긴 하죠", "아깝긴 하죠"라는 반응이다. 그렇지만 저렇게 튕기고, 밀당하고, 짜증부리는 여자 붙잡고 씨름하느니 집에서 컴퓨터랑 놀고, RPG게임 하고, 취미생활이나 즐기는 게 낫다는 것이다. 개인주의라고 해야 하나? 혹시 여자를 만나더라도 날 더 귀찮게 하고 덜 괴롭히는 여자를 만나겠다는 것이다.

"여자랑 사귀게 되면 필연적으로 귀찮은 일, 괴로운 일이 생긴다. 그걸 왜 요구하는지 전혀 이해하지 못하는 일을 우리보고 하라고 한다. 귀찮음과 괴로움이 여자를 만나서 얻는 효용이나 이익보다 더 크다면 굳이 여자를 만날 이유가 없잖아?"

그 논리 앞에서, 네가 아직 '진정한 사랑'을 만나지 못해서 그렇다고 말해 봤자 무슨 소용이 있을까? 빨리빨리 정신, 실패해선 안 된다는 강박적인 주입식 교육, 자신을 최우선으로 생각하는 개인주의, 이 모든 것들이 융합되면서 '귀찮은' 여자를 거부하는 남자들을 목도하게 된 것이다. 이전 세대에서는 '당연한 것'으로 인정되던 것이 이제는 귀찮은 일이 된 것이다. 이게 나쁜 걸까? 시대의 도도한 흐름이 아닐까?

"라면 먹고 갈래요?"의 함정을 조심하라

여성지에 나와 있는 초식남에 대한 공략법을 보면서 난 이런 생각이 먼저 들었다.

'이삭줍기를 하자는 건가?'

결혼시장에 멀쩡한 남자가 부족하니까 땅에 흘린 이삭이라도 줍겠다는 절박함이 아닐까라는 생각을 했다. 그 공략법이란 것도 대부분 여성들이 인지하는 내용이었다.

"남녀 관계에서 한쪽이 뒤로 물러나면 한쪽이 다가가야 해. 그래야 거리가 좁혀져. 남자가 초식남이라면 여자가 육식녀가 돼야 해. 적극적으로 밀어붙이고 연애를 주도해. 대놓고 들이대는 거야. '라면 먹고 갈래요?'라고 꼬셔. 라면뿐이겠어? 햇반도 먹이고 해장국도 먹여. 그렇게 휘어잡아."

분명히 말하지만, 이 경우 억지로 '연애'로 이어갈 수는 있겠지만 결혼까지 골인하기는 어렵다. 결혼에는 기본적으로 '수락' 과정이 전제돼야 하는데, 초식남들이 여기까지 허락을 할까? 어렵다고 본다.

여기서 팁을 하나 말해 줄까? 초식남뿐 아니라 일반 남자들에게도 통하는 최고의 방법이다. 여자들이 종종 착각하는 게 하나 있는데, 여자들이 남자들에게 제공하는 최고의 서비스가 무엇일 것 같은가? 보통 가사노동이나 섹스를 생각하는데, 아니다.

여자가 남자에게 줄 수 있는 최고의 서비스는 바로 '위로'다. 초식남을 비롯한 현대 남성들에게 가장 필요한 건 따뜻한 위로를 건네는 '엄마'다. 앞에서도 언급했지만 남자들은 '섹스할 수 있는 엄마'를 원한다. 초식남만의 이야기가 아니다. 요즘 남자들에게는 가슴에 얼굴을 파묻고 눈물 흘릴 수 있는 그런 여자가 절실히 필요하다. 창녀를 버리는 남자는 있어도 엄마를 버리는 남자는 없다. 이 점을 염두에 두기 바란다.

동생의 다섯 번째 질문

어떤 남자를 만나야 해?

5

어떤 남자를 만나야 하냐고? 차라리 욕을 하든가, 화를 내는 게 편하다. 이런 돌직구는 부담스럽다.

여자들에게는 신화에 가까운 믿음이 하나 있다. 즉, 남자는 남자가 봐야 잘 안다는 것. 사실 남자는 남자가 봐도 잘 모른다. 열 길 물속은 알아도 한 길 사람 속은 모른다고 하지 않는가?

"사람 참 좋더라. 말주변은 없지만 진국이야."

그냥 술 먹이고 이야기 좀 하다가 이런 멘트를 날리는 게 고작이다. 게다가 요즘 같은 시절에는 둘이 좋아서 사귀는 거지 오빠가 등장하는 경우는 드물다. 성인이 되어 각자 자신의 삶을 사느라 바쁘다 보면 1년에 몇 번이나 보겠는가? 친구보다 못한 가족도 많다. 서설이 길었다. 도대체 어떤 말을 해 줘야 하지?

올 **아니, 남자니까. 이런 남자는 피해라, 그런 거 없어? 이런 건 조심해라, 이런 걸 주의 깊게 살펴봐라, 그런 충고 없냐고.**

나 **주변에서 아무리 권해도 어차피 같이 살 건 당사자인 너야. 조건 보고 결혼한다고 하더라도 그 조건의 기준이 되는 건 너고, 거기에 대해 왈가왈부할 순 없잖아? 어차피 네 인생이고, 네 인생을 살아가는 방식이 아니겠어? 그럼에도 불구하고 '오빠'로서의 어떤 바람을 묻는다면……, '수사자 같은 남자'였으면 좋겠다.**

이건, 내 딸들이 남자를 고르는 기준으로도 활용했으면 좋겠다는 생각을 한다. '수사자 같은 남자', 그게 내 진심이다.

Dear Olivia.

라이온 킹?
수사자 같은 남자를 사냥해

다큐멘터리 채널을 보면, 사자의 세계는 모계사회처럼 여겨껴진다. 철저한 가부장제 사회처럼 보이지만 그건 껍데기일 뿐 실은 암사자들의 세계에 수사자가 끼어든 모습이다. 사냥은 암사자들이 하고, 수사자는 어슬렁거리며 놀거나 낮잠을 잔다. 그러다가 암사자가 먹이를 가져오면 당연하다는 듯 그걸 낚아챈다. 누가 봐도 기둥서방이나 백수의 모습이다. '백수의 왕'이란 말이 괜히 나온 말이 아니라는 생각이 들 정도다.

올 지금 기둥서방이랑 결혼하라는 거야?

겉으로 보면, 수사자는 짐승계의 말종이다. 그야말로 기둥서방의 대표격 같다. 여기서 멈췄으면, 그냥저냥 암컷들 등쳐먹는 짐승계의 말종 정도 선에서 넘어갔을 것이다. 근데, 이것들은 한 술 더 뜬다. 즉, 3~4년마다 한 번씩 떠돌이 수사자들이 몰려와 수사자들끼리 결투를 벌이는 것이다. 여기서 승리하면 우두머리가 바뀐다.

새 우두머리는 전 우두머리의 새끼들을 모두 죽이거나 쫓아낸다. 짐승계의 그냥 말종에서 사악하고 추잡한 쓰레기로 추락하는 순간이다.

우두머리가 된 수사자는? 그냥 그렇게 또 암사자들 등이나 쳐먹고 사는 존재가 된다. 이게 일반적인 시선이다. 그러나 수사자는 그렇고 그런 기둥서방이 아니다.

사람들은 사자가 '백수의 왕'이라고 생각한다. 그건 반은 맞고 반은 틀린 대답이다. 아프리카 초원에서 사자의 가장 큰 적은 하이에나다. 하이에나?

디즈니 애니메이션 〈라이온 킹〉에서는 사자의 똘마니로 나오지만 하이에나는 결코 만만치 않은 존재다. 좋게 표현해도 결국 썩은 고기나 주워 먹는 초원의 '청소부의 이미지'를 벗어나지 못하지만 사냥도 많이 한다. 사자가 먹고 남은 고기를 하이에나가 주워 먹는 경우도 있지만 반대로 하이에나가 사냥한 고기를 사자가 빼앗아 먹는 경우도 종종 있다. 그 바람에 이 둘은 티격태격 싸우는 일도 자주 일어난다.

문제는 쪽수다. 하이에나는 수가 많고 사자는 상대적으로 적다. 개별적인 전투력 면에서는 사자가 월등히 앞서지만 쪽수를 믿고 덤비면 밀릴 수밖에 없다. 그러다가 덜컥 사고가 나기도 한다. 사냥을 하던 암사자가 하이에나 무리에게 당하기도 하고 새끼 사자들이 죽기도 하는 것이다. 그러면?

수사자가 출동한다. 수사자는 무리에서 벗어나 며칠이고 그 하이에나 무리를 쫓아간다. 끝까지 추격한다. 그러고는 그 무리 중 한 마리를 잡아 죽인다. 반드시 죽인다. 본보기를 삼는 것이다. 놀라운 건 그다음인데, 이 죽인 하이에나를 먹지 않고 그대로 그 자리에 던져 놓는다. 즉, '처형'과 '전시'인 것이다.

그런 다음에야 수사자는 자기 무리에게로 돌아가 일상을 즐긴다. 쪽수로 상대할 수 없기에 본보기로 한 마리를 잡아 죽이고, 이를 복수나 경고 차원으로 전시하는 것이다. 수사자의 진가를 확인할 수 있는 대목이다. 자기 식구, 무리만은 확실하게 지키겠다는 의지의 표현인 것이다.

이 한 번을 위해 수사자는 암컷들을 등쳐 먹는 것일까? 만일 그렇다면 기둥서방과 다를 게 없지 않은가? 아니다. 수사자도 나름 '노력'을 한다. 문제는 그 노력이 잘 안 보인다는 점이다.

수사자는 태어나길 '사냥'에 부적합한 몸으로 태어났다. 그보다는 '전투'에 특화됐다. 암컷과는 전혀 다른 종이라고 말할 수 있을 정도다. 수컷의 몸무게는 최고 250킬로그램으로, 암컷의 곱절가까이나 된다. 게다가 목덜미의 갈기 때문에 눈에도 잘 띈다.

이러다 보니 대놓고 사냥을 하기에는 다소 무리가 따른다. 몸이 무거운 데다 상대의 눈에 잘 띄기까지 하니 암컷과 같은 민첩성을 기대하기 어렵다. 그래서 암컷의 등을 쳐 먹는 것이라고 합리화할 수 있겠지만, 아니다. 그동안 우리의 상식선에서는 암컷이 사냥한 걸 빼앗아 먹는 것으로 알려졌는데, 이는 사실과 다르다.

수사자는 자신의 체형에 맞는 사냥을 몰래 해 왔다. 민첩성이 떨어지고, 은폐가 어렵기에 탁 트인 개활지가 아니라 숲속 같은 곳에서 몰래 매복해 사냥을 해 온 것이다. 그것도 암컷들이 주로 잡는 영양 같은 평범한 사냥감이 아니라 위험도가 높은 누와 같은 덩치 큰 사냥감을 노렸던 것이다.

실제로 잡지는 못하고 노리기만 한 게 아니냐고 물을 수 있겠는데, 아니다. 사냥 성공률 면에서 수사자는 암컷에 비해 못하지 않다. 수사자는 위험하고 힘든 일을 남 몰래, 즉 인간 몰래 묵묵히 해 왔던 것이다. 수사자 같은 남자를 찾으란 의미는 바로 이 대목이다. 자기가 누군지를 알고, 그 안에서 할 수 있는 모든 노력을 다하는 모습. 그뿐이다.

백수의 왕 사자처럼 자신의 가족을 지키기 위해 사바나를 휘젓고 다니며 복수를 하는 모습까지는 바라지 않는다. 가족을 지키겠다는 확고한 신념이 있다면 물론 좋겠지만…….

내가 주목하는 건, 비록 사냥에 적합한 체질이 아님에도 불구하고 자신이 할 수 있는 일을 찾아 최선의 노력을 다하는 모습이다. 자신을 알고, 자신이 처한 상황을 확실히 인지한 상태에서 그걸 극복할 수 있는 방법을 찾아가는 모습, 그거면 충분하지 않을까? 좋은 남자이기 이전에 한 사람의 멋진 인간이라고 할 수 있겠다. 그런 남자를 만났으면 좋겠다.

'남자 다 거기서 거기'에서부터 시작해!

어떤 남자가 배우자 감으로 좋은지 내 주변 남자들에게 물어봤다.

"남자, 다 거기서 거긴데?"

이런 시시한 말들이 나왔다. 이게 사실이다. 이 나이까지 살아 보니, 나름의 '남자관'이 생겼다. 그 시작은 '남자, 다 거기서 거기다'였다.

'남자 다 거기서 거기'에서부터 시작하는 것이 좋다. 먼저 보통의 남자를 고른 다음, 거기서 나쁜 걸 하나씩 빼면 된다. 그러면 결혼할 만한 남자가 나온다.

뭘 빼야 하냐고? 우선 주식. 직장인이라면, 주식을 빼야 한다. 도망갈 구멍이 없으니, 답답하니 주식하는데, 직장인이 주식하다 보면 본업도 망치고 주식도 망치기 때문이다.

주식 이야기 하면 아예 만나지 않는 게 좋다. 도박도 당연히 좋지 않다. 도박하려는 끼가 있거나 실제로 도박을 한다? 한마디로 아니라고 보면 된다.

이걸 어떻게 확인하느냐고? 간단하다. 성향을 파악하면 된다. 일확천금 노리고, 허세 강한 남자인 거다. 돈 씀씀이를 보는 것도 중요하다. 금전감각이 빈곤한 남자가 좋다. 돈을 써 본 적이 없다는 뜻이니까. 영화관이나 커피숍에서 돈 쓰는 거 유심히 살펴봐라. 조금 비싼 곳에서 하는 행동과 반응을 보면, 이 사람이 돈을 어떤 식으로 소비하는지 알 수 있다.

고만고만한 남자를 찾아라. 남자 별거 없다. 그렇다는 건 보통 남자에서 나쁜 것들, 즉 주식, 도박, 여자, 주사, 폭력 등을 빼면 된다는 얘기다. 이 모든 걸 검증해 나가는 게 연애 과정이다. 남자에게서 좋은 점을 찾아내서 자기 합리화를 하는 것보다는 이게 더 안전하고 확실한 방법이다. 남자는 기본적으로 다 똑같다는 전제 아래 나쁜 걸 하나씩 제거해 나가는 식으로 대처하면 된다. 그게 '괜찮은' 남자를 고르는 가장 확실한 방법이다.

"인간의 가치는 얼마나 고통을 줄일 수 있느냐에 의해 측정될 수 있다"라고 한 쇼펜하우어의 말이 떠올랐다. 얼마나 행복할 수 있을까가 아니라 얼마나 '덜' 고통스러울까를 기준으로 남자를 선택하라는 의미였다. 너무 염세적이라고 말할 수도 있겠지만 이 기준 말고 다른 기준은 생각나지 않는다.

유치원을 나온 남자와 결혼하라

20대 초반에 가슴 아픈 연애를 한 번 하고 10년간 남자에 대해 연구한 끝에 '깨달음'을 얻었다는 한때 최고의 미녀였던 내 동기는 "어떤 남자가 좋은 남자냐?"라는 내 질문에 이렇게 말했다.

"남자 별거 없다. 다 거기서 거기다. 10년간의 경험과 통계, 분석을 통해 딱 하나의 기준을 세우게 됐지. 내가 생활하는 데 편한 남자랑 결혼하자."

그 외의 조건에 대해서는 어떻게 생각하는지 물었다.

"사랑이란 걸 유지한다는 건 꽤 고난도의 기술이 필요하고 불편하다는 걸 확인했어. 섹스하고 동거하다 보면 어차피 서로에 대한 환상은 급속도로 사라질 수밖에 없잖아? 조건이란 것도 살펴보니, 크게 밑지거나 남기지 않고 적당한 선에서 맞추더라고. 내 주변의 친구들도 사랑이 어쩌고 행복이 어쩌고 했지만 결국은 비슷한 수준의 사람과 결혼했어. 좀 과하게 남긴다 싶은 애도 몇 있었는데, 결국은 그 '값'을 하더라고. 결혼생활이 파탄 난 거지. 이것저것 고민을 해 봤어. 사랑이란 감정이 지속되는 기간이 길어 봐야 2년인데, 그 기간에 충실한 상대를 찾을까? 아니면, 이후 얼마가 될지 모르는 결혼생활에 적합한 사람을 찾아볼까……. 결론은 너무 당연한 거 아냐?"

"생활하는 데 편한 남자라는 건 경제적 능력이나 사회적 지위를 기준으로 정한 거야?"

"아니. 말 그대로 생활이야. 나랑 같은 공간에서 숨쉬고, 밥 먹고, 활동하고, 가끔 섹스를 즐길 상대니까 나랑 맞아야 하지 않겠어? 교도소를 생각했어. 난 지금 무기징역형을 받았고, 감방 동기를 선택할 상황이라고……. 몇 년 받는 유기징역이 아니라 누군가 한 명이 죽어야만 나갈 수 있는 감방 안에서의 삶이라고……. 그렇다면 나랑 맞아야 한다는 결론에 이르지. 같은 공간에서 서로를 배려할 줄 알고, 서로의 습관을 이해하고, 비슷한 성향이어야 한다는 거야. 아, 가급적이면 유치원을 나온 남자랑 결혼하라고 조언해 주고 싶어. 유치원을 나온 남자들이 공중도덕을 잘 지키고, 주변 사람에 대한 배려심도 깊어. 이건 개인적인 통계지만 조기교육의 힘이라고 생각해도 돼."

그 친구의 주장은 크게 다음과 같이 3가지로 정리할 수 있다.

첫째, 그 남자가 그 남자다. 특별한 남자는 없다. 둘째, 가급적 생활하는 데 편한 남자를 선택하라. 셋째, 유치원 나온 남자가 좋다. 그렇다고 이 기준을 무조건적으로 받아들이진 말기 바란다.

사람마다 각자 취향이 다르고, 성향이 다르고, 처해 있는 상황이 다르지 않은가? 누구는 키 큰 사람, 다른 누구는 배 나온 사람이 좋을 수도 있다. 물론 기본적인 인품이나 도덕관념, 교육 정도는 사전에 검증하겠지만 그 나머지는 개인의 취향이다. 주변사람들의 의견은 참고사항일 뿐이다. 그러나 누구나 극구 말리는 남자라면 다시 생각해 보는 게 좋을 것이다. 그런 남자와 인생을 함께한 경우 99퍼센트 사람들이 반대한 이유를 증명해 냈기 때문이다.

동생의 여섯 번째 질문

여자가 먼저 연락해도 돼?

6

"오빠! 여자가 먼저 연락하면 싸구려처럼 보이지 않을까?"

드디어 나왔다. 여자들의 영원한 화두 '연애의 기술'에 대한 질문이다. 이걸 어떻게 말해야 하지?

올 오빠, 여자는 고백을 받는 존재가 아니라 남자로부터 고백을 받아내는 존재잖아? 그런데 요즘 남자들은 오빠 말대로 연약하잖아! 뜨뜻미지근하게 반응도 없고, 이럴 땐 여자들이 "라면 먹고 갈래요?" 하면서 구체적인 액션을 보이는 게 낫지 않을까?

나 …… 뭐, 그것도 괜찮겠지?

올 그럼, 날 싸구려로 보지 않을까? 그리고 사귄다 하더라도 내가 먼저 고백했으니까 끌려갈 게 뻔한 거 아냐?

나 …….

올 연락을 해서 만났다고 쳐. 연애라는 건 관리가 필요하지 않겠어?

나 무슨 관리?

올 밀당 말야, 밀당! 밀당의 시작은 고백부터잖아. 남자가 수줍게 고백을 하면 여자가 조금 생각할 시간을 달라고 말하고, 이미 마음을 결정했지만 남자 애를 태우고, 그렇게 해야 하는 거잖아. 여자는 기본적으로 비싸게 굴어야지. 안 그러면

남자가 너무 쉽게 보고 도망가잖아. 내 말 맞지?

나 …… 글쎄.

올 뭐야 그 태도는? 내 말이 틀리단 거야?

나 그게……. 꼭 틀린 말은 아니지만 그렇다고 맞는 말도 아니란 생각이 들어서…….

올 뭐야? 확실하게 말하라니까!

확실하게 결론이 나는 문제를 말하라면 말을 하지. 그런데 이걸 어떻게 설명해야 하지? 잠깐 정리 좀 하고…….

Dear Olivia.

남자도 밀당쯤은 알고 있어

이제 대부분의 남자들은 여자들의 비밀을 인터넷 글이나 연애 지침서를 통해 알고 있다. 일테면 이런 것들이다. "여자는 어장관리란 걸 하면서 남자들 '간'을 본다." 일부 '능력자'들에 한해서지만 말이다. 또 이런 것도 있다. "여자들은 기본적으로 '밀당'이란 걸 한다."

인터넷과 통신의 발달로 더 이상 비밀이 아니게 됐다. 이제까지 멍청하게 당해 왔던 남자들도 이제는 여자들이 왜 저러는지 웬만큼 알게 됐다. 그 이전에도 알 만한 남자들은 다 알고 있었겠지만……. 이제 남자들은 여자들의 연애 패턴에 대해 어느 정도 알게 됐고, 이걸 상담할 수 있는 '창구'도 가지게 됐다.

한 가지 궁금한 게, 여자들은 이 '밀당'과 '튕기는 기술'을 어디서 배운 거냐는 의문이다. 본능일까? 유전자에 각인된 본능에 더해, 주변 사람들의 조언과 여성화 '교육' 덕분에 이런 스킬들을 후천적으로 장착한 게 아닐까? 이건 동서고금을 떠나 하나의 진리이고 법칙이 됐다.

미국 연애 지침서의 바이블 격인 엘렌 파인의 《룰THE RULES》을 보면 "여성은 스스로 이성에게 말을 거는 등 적극적인 태도를 보여서는 안 된다. 자신이 콧대 높은 여성이라는 것을 보여 주기라도 하듯 도도한 태도를 유지하는 편이 이롭다"라는 말이 나온다. 한마디로 튕기란 소리다. 우리나라에서도 번역 출간되어 베스트셀러가 되었던 로버트 그린의 《유혹의 기술The Art of Seduction》을 보면 밀당의 중요성이 꽤 설득력 있게 제시된다.

"익숙함은 유혹의 적이다."

이 한마디로 모든 걸 설명할 수 있지 않을까! "남자들 눈에 띄지 않도록 주의하라"라는 책의 홍보 카피도 기억에 선명하게 남아 있다. 이밖에도 국내에서 출간된 각종 연애책들을 보면서 이런 생각을 한 적이 있다. '여자들 참 힘들게 산다.'

밀당이란 건 여자라면 당연히 익혀야 할 필수 '연애 기술'이 됐고, 이 기술을 익히지 않으면 연애를 하기 어렵다. 그리고 설사 연애를 한다 해도 얼마 가지 못한다는 것이 그런 유 책들의 대전제다. 만약 그 주장이 맞는다면 다음과 같은 논리도 성립할 수 있다.

'즉, 여자들이 말하는 그 사랑이란 것도 결국 별거 아니다. 이렇게 전전긍긍하며 기술을 걸어야 겨우 유지되는 거라면 운명적 사랑이란 건 애초 없다고 볼 수 있는 거 아닌가? 비약이 심한 건지는 모르겠지만…….' 어쨌든 밀당이란 걸 하는 이유를 대략 정리해 보면 다음과 같다.

첫째, 연애의 주도권을 여자인 자신이 쥐기 위해서다.

즉, 아쉬워하는 자가 지는 것이다. 연애에선 끊임없이 '불안'을 조장하는 자가 '갑'이다. 연애를 쥐고 흔들기 위해 밀당을 하는 경우다. 여자들은 연애에서 자신이 주도권을 행사하기를 원한다. 물론 누구나 자신이 '갑'이 되고 싶어 한다. 그러나 사랑은 더 특별하다. 여자는 끊임없이 그 '사랑'을 확인하고 싶어 한다. 본능적인 불안이다. 그 불안의 표출이 바로 '밀당'이라는 것이다.

둘째, 남자의 감정이 변하기 전에 지속적으로 주의를 환기시키는 것이다.

'나, 언제든 떠날 수 있어.' 이런 사인을 은연중에 계속 보내야만 남자가 한눈팔지 않는다는 것이다. "이미 잡은 물고기에는 먹이를 주지 않는다"라는 명언이 생각나는 대목이다.

셋째, 자기 자신을 위해서다.

'내가 밀당을 안 하면 남자가 도망갈 수 있어. 이건 기본 중의 기본이야'라는 뜻이다. 밀당을 위한 밀당, 다시 말해 의무적인 밀당이라고 해야 할까? 밀당에 대해서는 모르지만 남들 다 하니까, 그리고 나중에 후회하지 않기 위해, 스스로의 불안감을 잠재우기 위해 밀당을 하는 것이다. 여자들이 밀당한다는 걸 확인하고 나서 주변의 남자 친구와 후배들에게 확인을 해 봤다.

사례 1 (31세 미혼, 영상 PD, 연애 경험 4회)

"밀당요? 밀당을 했었나? 아……, 형 말 들어보니까 그랬던 것 같아요. 그런데 왜 하지? 그거 해서 좋다면 하라고 하죠 뭐. 자기만족이겠죠."

밀당이 뭔지에 대해 아예 관심도 없고, 기술을 걸었다는 것 자체도 인식하지 못하는 경우였다. 여자가 "헤어져!"라고 말하면 "응, 알았어!"라고 말하고는 그길로 휴대전화 번호 차단하는 후배다. 여자의 '헤어져'가 '헤어져'가 아니라 '날 잡아 줘'라는 의미라고 말하자 이렇게 말했다.

"그런 마음이면 왜 그렇게 말을 해요? 미친 거 아녜요?"

기술을 기술로도 인식하지 못하는 케이스다. 이런 경우가 의외로 많았다. 여자들이 밀당을 해도 밀당으로 인식하지 못하는 것이다. 무의식적인 본능을 자극한다고 볼 수도 있겠지만 평생 못 느끼는 둔감증 환자도 많았다.

사례 2 (32세, 회사원, 연애 경험 다수, 현재 여자와 동거 중)

놈 : (피식) 시즌이 돌아온 거죠. 적당히 만나고, 적당히 장단 맞춰 줘야죠. 춤추는 거랑 똑같다고 생각하면 돼요.

나 : 춤추는 거?

놈 : 여자랑 탱고를 춘다고 생각하는 거죠. 여자가 발을 앞으로 내밀면 슬쩍 뒤로 빼 주고, 여자가 뒤로 발을 빼면 허리를 감싸며 슥 다가가고……. 기술 들어오면 넘어가는 척하고, 애달파하는 척해 주는 거죠.

나 : ……그래서 얻는 건?

놈 : 평화죠.

나 : 평화?

놈 : 음……, 평화로운 섹스라고 해야 할까?

고수라고 해야 할까? 밀당의 핵심을 간파하고 있었다. 귀찮지 않은지 물어봤다.

놈 : 판 전체를 내려다본다고 생각하면 편해요. 그 시즌이 있어요. 여자들이 처음부터 끝까지 밀당을 하고 기술 걸려고 하면 여자도 제풀에 지쳐 나가떨어지고, 남자는 그 전에 도망가요.

밀당이 뭐예요? 밀고 당기기잖아요. 낚시랑 똑같죠. 줄 풀 때는 계속 풀어 주고, 당겨야 할 때 당겨 주고……. 붕어 낚을 때 밀고 당기는 거랑 똑같아요. 힘만으로 하다간 낚싯줄 끊어지거나 찌가 날아가 버리죠. 여자의 속성을 알면 돼요.

나 : 속성?

놈 : 여자란 종족의 특징은 끊임없이 비교를 한다는 거예요. 주변의 누군가와 계속 비교를 해요. 거기서 비교 우위에 있으면 행복해하고, 비교 열위에 빠지면 불행해하죠. '사랑'이라는 이 형이상학적인 존재에 대해 끊임없이 확인을 하려는 이유가 그거라고 봐요. 밀당이나 기술도 따지고 보면 그런 와중에 나온 부산물이라고 보면 편해요.

나 : 그래도 인간적으로 귀찮고 피곤해질 때가 있잖아?

놈 : 그럼, 계산기 두들기죠. 피곤하면 헤어지면 돼요.

여자들이 말하는 '밀당'이란 걸 파악했고, 자신의 상황에 맞춰 적당히 장단을 맞춰 주는 것이다. 그 후배가 가급적 자신의 워딩 그대로 실어 달라고 한 말이 있다. 다음의 내용이다.

"밀당이란 건 당하는 쪽보다 하는 쪽이 더 힘들다는 걸 알게 됐어요. 남자들이야 무신경한 경우도 많고, 상황에 대해 의미부여 같은 건 생각조차 안 하는 경우가 많죠. 아니, 생각을 안 하는 게 아니라 아예 몰라요.

그런데 여자들은 상황 하나하나에 의미를 부여하고 스스로를 들볶아요. 전화벨이 4번 울린 다음 받는 거랑 6번 울린 다음 받는 거 하나하나에도 의미를 부여하죠. 또 기술 걸고 얼마 만에 연락 오느냐에 대해 촉각을 곤두세우기도 하죠.(웃음) 얼마나 웃기던지…….

남자들, 그런 거 모르거든요. 밀당이나 기술이 나쁘다는 게 아녜요. 하라고 하세요. 열심히 하라고 하세요. 근데, 그게 먹힐 만한 남자한테나 하라는 거죠. 의미 없는 기술, 의무적인 밀당 같은 건 여자들 스스로가 주화입마走火入魔에 빠지는 짓이란 걸 알아야 해요. 간단해요. 비유하자면, 여자들은 영어로 떠드는데 남자들은 영어를 못 알아듣는 거죠."

사례 3 (40세, 번역가, 연애 경험 다수, 현재 사귀는 여자 다수)

놈 : 여자는 '섹스'라는 핵무기가 있잖아.

나 : 핵무기지!

놈 : 그 카드는 절대병기지. 하긴 뭐, 요즘은 꼭 그런 것도 아니지만……. 어쨌든 그런 거라 치고, 여자들이 연애할 때 내놓을 만한 협상카드가 뭐 있을까? 섹스는 줄 듯 안 줄 듯이고, 그다음은 "헤어져!"로 대표되는 밀당이지. 헤어질 생각도 없으면서 헤어지자고 난리치고……. 뭔가 삐치면 "사랑해?", "사랑하긴 했어?" 하며 압박하고……. 웃기는 게 밀당을 하지?

이게 퇴로가 없어. 남자가 반응을 보이지 않으면 다음 수가 안 나와. 이제까지 무시하다가 생뚱맞게 연락하기도 그렇잖아? 또 자존심이 있어서 쉽게 연락도 못하고, 타협책이라고 내놓는 게 문자나 카톡 정도잖아? 그것도 씹어 버리면 '저 남자의 나에 대한 사랑은 이거밖에 안 돼' 하며 스스로를 합리화하고 쫑내든가 매달리든가 해야지.

나 : 벼랑 끝 전술이네?

놈 : 그렇지! 여자들은 지금 자기들이 벼랑 끝 전술을 벌이고 있다는 걸 몰라. 남자가 당연히 이렇게 반응할 거란 전제를 베이스에 깔고 밀당을 하는 거야.

나 : 남자들이 좋아하니까.

놈 : (피식) 중요한 건 요즘 남자들 인내력이 굉장히 약해졌다는 거야. 예전에는 센티미터의 두께였다면 요즘은 나노미터야. 채팅 사이트 가 봐라. 널린 게 여자다.

나 : 진정한 사랑을 한다면? 못 보면 죽을 것 같다는 순애보도 널렸어.

놈 : (심각하게) 진지하게 고민해 봤는데…… 요즘 남자 애들, 아니다 싶으면 그냥 발 빼 버려. 덕분에 나같은 애들에게 기회가 많이 오지만 기본적으로 여자의 꼬장을 다 받아 줄 정도로 이해심 많은 애들, 드물어. 왜? 자기도 귀하게 자랐거든. 그리고 나름 능력 있다고 믿고……. 남자들 자뻑 엄청 심하잖아.

결정적으로 상담할 곳이 많아졌어. 우리 때야 혼자 끙끙 앓다 마는데, 요즘은 인터넷 가면 다 상담해 주잖아. 어장관리 당하고 있다, 밀당하고 있다, 기타 등등. 물론 모태솔로라서 목숨 거는 애들 있는데, 이제 걔들 머릿속에는 픽업아티스트 찾아가서 스킬만 제대로 배우면 여자 꼬실 수 있다는 최후의 희망이 있거든…….

여자들 입장에서는 미치고 환장할 노릇이지만 내가 보기엔 고만고만한 X밥 싸움이야. 예쁜 여자, 잘난 남자들은 지들끼리 놀고, 그 찌꺼기들끼리 아옹다옹하면서 밀당이니 뭐니 하며 지지고 볶는 거지 뭐. 어디서 본 건 있어서…….

기본적으로 밀당이란 것도 상대 봐 가면서 해야 해. 하는 건 좋은데, 그걸 받아 주지 않으면 그냥 끝나는 벼랑 끝 전술이란 걸 알고 시작하라고……. 요즘 남자들, 인내력 정말 얇다.

밀당과 연애 기술

대부분의 남자는 여자들의 '대시'와 '내숭'에 대해 "하고 싶으면 해"라는 반응이다. '○○○ 판'으로 대표되는 인터넷 게시판에 올라온 이야기와 상담들을 토대로 여자들이 기본적으로 밀당이란 걸 하고 있고, 이게 여자들의 '기본적 연애 행태'라는 걸 알게 됐다는 것이다. 밀당에 대한 재미있는 코멘트가 있어 소개한다.

의미 과잉이다. 전화벨이 5번 울리고 받는 것과 2번 울리고 받는 것의 차이를 너무 민감하게 받아들인다. 문자에 하트가 3개면 어떻고, 1개면 또 어떤가? 왜 그런 사소한 것에 그렇게 집착하지? 그렇게 평생 고민하며 살라고 해라. 정말 힘들게들 산다.

밀당을 아예 모르는 후배는 눈 껌벅이며 "밥 먹고 할 일도 없다"라는 시니컬한 반응을 보였다. 연애 기술, 즉 3번 전화 걸면 1번 받는 것에 대해서도 별 생각이 없었다.

"그러고 싶으면 그러라고 해요. 근데, 그걸 왜 하죠? 연애 초반이나 그렇지. 시간 지나면 별 생각 없는데……. 그리고 남자들, 그거 별로 의식 안 해요. 요즘이야 많이 알려져서 다들 알지만 의식하고 봐도 그냥 웃기죠."

별 반응이 없었다. 진정한 사랑, 정말 사랑해서 보고 싶으면 마음이 조급해지지 않을까?

"개인차가 있는 거죠. 정말 좋다면 초창기에 확 불붙고 달리지만 그것도 어렸을 때나 그렇죠. 나이 들면 다들 약아지고, 세상 돌아가는 거 다 알잖아요. 나이 들어서 어린 애들 만나는 것도 아니고, 나이 든 여자를 만난다면 결혼을 전제로 하는 건데, 밀당이나 그런 거 할 정신 있어요? 조건 맞춰 보고, 다른 거 확인하기도 바쁜데……. 밀당? 배가 부른 거죠."

다들 현실적이었다. 남자들 이야기를 듣다 보니, 여자들은 '그들만의 밀당'을 하는 게 아닌가라는 생각이 들었다. 현실적으로 서른 살 넘어간 여자가 밀당을 한다는 것 자체가 웃긴다는 반응이다. 어린 여자가 그런다면 '귀엽다', '할 만하다'라는 반응이지만 나이 든 여자가 밀당을 한다는 그 자체로 '배가 불렀다'라는 반응을 보였다. 나이 든 여자의 좋은 점이 '편안함'과 '힐링'인데, 이걸 포기한다는 뜻이다. 한마디로 경쟁력이 없다는 것이다.

먼저 고백하는 여자

"라면 먹고 갈래요?"의 핵심은 두 이성간의 '체액 교환'이 아닌가?(1명은 초식남이다.) 현재 통용되고 있는 "라면 먹고 갈래요?"가 아니라 여자들이 먼저 고백하고 대시하는 것에 대한 반응 역시 거의 차이가 없었다. 'why not?'이었다. 아무리 '이상하게' 생긴 여자라도 먼저 고백을 한다면 일단 환영한다는 반응이었다.

여기에 대한 부연설명이 필요할 것 같다. 남자들은 먼저 대시한 여자에 대해서는 일단 킵keep해 놓고 보자는 생각을 가지고 있다. "잡은 물고기에겐 먹이를 주지 않는다"라는 명언을 생각해 보라. 남자들은 기본적으로 여자가 있는 상태에서 더 많은 여자를 만날 수 있다. 아이러니하지? 일종의 보험인 셈이다. 즉, '안 되면 다시 돌아가면 되지' 하고 생각하는 것이다. 돌아가도 받아 줄 여자가 있으니 밑져야 본전이란 생각으로 다른 여자에게 대시할 수 있다는 것이다. 게다가 내가 좋다고 먼저 고백한 여자가 아닌가? 손 뻗으면 잡을 수 있는 상대라고 믿고 있었다.

이때 중요한 건 먼저 고백한 여자에 대한 매력도다. 결혼까지 생각해 볼 수 있느냐는 질문에 이런 전제들이 따라붙었다.

"얼마나 예쁘냐에 따라……."

"능력이 있나?"

"일단 같이 자 보고……."(이 경우 십중팔구 체액 교환을 한 후 차 버릴 확률이 높다.)

더 물어보기 전에 이미 답이 나온 것 같다. 먼저 대시하면 좋긴 하지만 이미 매력이 반감된 것이다. 설사 결혼까지 이어진다 해도 나중에 이런 소리를 듣게 될 가능성이 높다.

"나 좋다고 네가 쫓아다니지 않았어?"

가급적 권하고 싶지 않다.

내숭

내숭에 대해서는 '여자의 당연한 의무'라고 나와 인터뷰한 남자들 대다수가 말했다. 그중 소수의 몇 명은 "그냥 원래 모습이 좋다"라는 반응을 보였다. 기본적으로 여자들이 '내숭'을 떨고 있다는 걸 알고 있었다. 각종 매체와 영화, 드라마, 그리고 인터넷 게시판 등의 힘이었다. 문제는 이 내숭을 어떻게 받아들이느냐는 것이다.

"난 보이시한 여자가 좋던데! 자기주장 강하고, 털털하고, 뒤끝도 없고……."

이렇게 말을 해도, 결국 남자들은 밥을 남기고, 방귀를 뀌지 않고, 술 한 잔에도 얼굴이 빨개지고, 담배 피우지 않고, 부모 엄해 통금시간이 있으며, 긴 생머리에서 샴푸 냄새가 풀풀 풍기는 청순가련형 여자를 원했다.

"취향의 다양성은 존중하지만, 그리고 결국 아닌 걸 알지만 그런 판타지에 약한 게 아닐까? 남자의 판타지를 충족시켜 주는 이미지라고 해야 하나?"

"아니라는 건 알지만 그게 일상이 되면 그런 걸로 착각을 하는 거지. 아니, 착각이 아니라 그냥 그런 여자라고 보는 거야. 내 여자는 청순가련한 여자일 거라는……."

"기본적인 예의가 아닐까? 아니지. 자기방어 본능일 수도 있다. 남자의 판타지를 유지시켜 주는 게 곧 남자의 마음을 사로잡는 거니까. 순진한 콘셉트도 좋다. 아닌 줄 알면서도 '혹시나' 하는 마음이 있잖아!"

내숭 떨어야 한다. 안전한 길이 최고다. 종합적으로 결론을 내려 보자면, 밀당은 해도 좋고 안 해도 좋다. 이미 남자들은 여자들이 어장관리하고 밀당한다는 걸 안다. 또한 개인차가 있어서 밀당에 휘둘리는 경우도 있고 아닌 경우도 있다. 물론 이 모든 건 여자가 얼마나 예쁘고 조건이 좋으냐에 따라 파괴력이 결정되지만 말이다.

문제는 나이인데, 나이 든 여자가 밀당을 하면 허탈해진다는 반응도 있었다. 그 정도 나이 먹었으면 이제 정신 차릴 때도 되지 않았느냐는 것이다.

"라면 먹고 갈래요?"로 대표되는 여자의 고백이나 대시는 남자들은 좋아하지만 여자에게는 자칫 최악의 선택이 될 수도 있는 것이다. 최악의 경우, '보험용'으로 전락할 수도 있다. 최상의 결과라도 결혼하고 나서 "네가 나 좋다고 쫓아왔잖아"라는 소리를 듣게 되기 십상이다.

다시 말하지만, 여자는 고백하는 존재가 아니라 고백을 받아 내는 존재다. 내숭의 경우는 100퍼센트 하는 게 낫다는 결론이 나왔다. 연기력이 필요한 시점이다.

남자는 여자가 만들어 내는 이미지와 판타지를 원하는 존재이다.

'밀당'과 '내숭'에 자신 없으면 보수적인 게 낫다

우리의 몸은 21세기에 살고 있지만 결혼을 전제로 한 연애에 있어서만은 20세기 초반의 보수적인 모습을 벗어나지 못하고 있다고 봐도 좋을 것이다. 남자들이 내숭을 원하면 해 주면 되지 않는가? 좀 불편해서 그렇지 연기하면 되는 것이다.

밀당? 그걸 해서 여자들 마음이 편해진다면 하면 된다. 내숭이나 밀당의 효과는 장담할 수 없다지만 이것도 개인차가 큰 것이니 쉽게 단정할 수는 없을 것이다. 확신이 없을 때는 보수적으로 가는 게 맞다. 우리 몸은 우주를 날아다니지만 그 안의 메커니즘은 100만 년 전의 그것에서 별로 발전하지 않았다는 사실을 인정하자.

밀당과 내숭, 여자의 고백에 대한 이야기를 듣다 보면 '우주왕복선'이 생각난다. 우주왕복선에 들어가는 컴퓨터 하면, 최신 슈퍼컴퓨터가 들어갈 것 같지만 그렇지 않다. 뜯어 보면 실상 별 게 없다. NASA에서 쏘아 올린 스페이스 셔틀에 들어가는 컴퓨터는 RAM은 500KB 이하였다. 업그레이드를 해도 1MB 수준이었다. 요즘 우리가 쓰는 컴퓨터가 기가바이트 단위를 자랑하는 걸 보면 얼마나 낡았는지 충분히 짐작이 갈 것이다.

우주왕복선이라면 모든 면에서 최첨단을 달릴 것 같지만, 알고 보면 1980년대 기술로 움직이고 있었던 것이다. X박스 360의 0.005퍼센트의 연산 능력으로도 날아가는 게 우주왕복선이라니 그동안의 기술의 진보를 확인할 수 있을 것이다.

피임약의 등장, 자유연애와 성 개방의 시대, 페미니즘의 탄생 등……. 과거에 비해 획기적으로 성이 개방됐고, 여성의 목소리도 커졌지만 연애와 결혼에 있어서만은 여전히 여성은 보수적이다. 아무리 21세기 연애를 말해도 결혼을 전제로 하면 보수적이 될 수밖에 없는 것이다. 즉, 예전 우리 선조들이 해 왔던 방식대로 움직이는 것이다. 아무리 우주를 날아다녀도 결국 그 본질을 뜯어 보면 예전의 기술에서 벗어나지 못하는 것과 같은 이치다.

그럼, 밀당은 어떻게 해야 할까? 그 필요성에 대해서는 섣불리 말하지 못하겠다. 진정한 사랑을 하고 있다면 이런 쓸데없는 논쟁은 필요 없을 것이다. 진정한 사랑이라면 밀당이라는 프로세스 자체가 불필요할 것이기 때문이다.

밀당이 필요하다는 건 사랑이 '관리'가 필요한 관계라는 의미이거나, 지금 하고 있는 사랑이 '진정한 사랑'이 아니라는 얘기가 된다. 어떤 게 맞는 말일까?

동생의 일곱 번째 질문

남자들은 섹스만 생각해?

7

몇 년 전의 일이다. 동생이 사귀던 남자가 호텔 스카이라운지에서 밥을 샀다. 즐겁게 밥을 먹었는데……. 그때까지는 좋았다. 그런데 이 남자가 갑자기 룸 키를 슥 내미는 것이다. 황당한 동생은 그대로 뛰쳐나왔다. 그러고는 날 붙잡고 그때의 황당함과 당황스러움을 토로했다.

올 **오빠! 남자들은 다 그래? 머릿속에 온통 섹스 생각밖에 없어?**

나 (단호) **섹스 생각만 하는 건 아니지.**

올 **그렇지? 그 남자가 이상한 거지?**

나 **…… 가끔 섹스 말고 다른 생각도 해.**

올 **아 놔……. 진짜 왜 그래?**

나 **그게 사실인데, 뭘 어쩌라고?**

남자들의 머릿속은 섹스로 가득 차 있다. 이 말에 반박하고 싶은가? 40세 남자의 경우는 4분에 한 번씩, 18세 청년은 11초에 한 번씩 섹스에 대해 생각한다고 한다. 믿기지 않는다고? 전 세계적으로 이런 통계 자료를 찾는 건 어렵지 않다. 좀 보수적인 통계를 보더라도 남자의 54퍼센트는 매일 섹스 생각을 하고, 43퍼센트는 매주 혹은 매달 서너 번씩 섹스에 대해 생각한다. 그리고 고작 4퍼센트의 남자만이 한 달에 한 번 정도 섹스에 대한 생각을 한다. 인

디애나 대학 킨제이 연구소의 연구보고서에 나오는 내용이다.

"인류 문명의 발전은 남자가 여자와 '섹스'하겠다는 욕망에서 시작됐다."

왜 이런 주장이 나왔는지 이제 이해가 가는가? 남자들의 섹스에 대한 욕망은 그 정도로 강렬하다. 어쩔 수 없다. 이게 바로 남자니까. 한 심리학자가 이런 말을 한 적이 있다.

"미혼 남성이 여성에게 던지는 말의 95퍼센트는 섹스라는 목적을 위해 구사되어진다."

그러고 보면 "남자는 섹스를 하기 위해 사랑을 하고, 여자는 사랑을 하기 위해 섹스를 한다"라는 말은 진리를 담은 명언 중의 명언이다.

Dear Olivia.

36억 대 1의 의미를 알아야 해

남자는 여자보다 성 충동이 훨씬 강하다. 성 충동 호르몬인 테스토스테론이 여자에 비해 10~20배 이상 높기 때문이다. 여자보다 20배 이상의 성욕을 가진 동물이라고 생각하면 딱 맞다. 또한 성 충동 호르몬을 관장하는 두뇌 부위인 시상하부도 훨씬 넓다. 즉, 여자보다 섹스를 더 밝히게 '설계'된 것이 남자다. 반면, 여자들은 섹스보다는 포옹이나 터치를 더 좋아한다. 역시 그렇게 설계됐기 때문이다.

'포옹 호르몬'이라고도 불리는 옥시토신은 성적 쾌감을 느낄 때 남녀 모두에게 다량으로 분비된다. 한데, 여기에 마법 같은 비밀이 숨겨져 있다. 남자는 발기하는 순간 옥시토신이 사라지는 반면 여자는 그렇지 않다. 여자는 남자보다 30퍼센트 이상의 옥시토신 호르몬을 가지고 있다. 이 옥시토신이 따뜻하게 안아 주는 걸 원하는 것이다. 또한 이 옥시토신 호르몬이 많으면 많을수록 여자들은 남자를 보살피려고 한다. 수유기에 옥시토신 호르몬이 높아지는 것을 보면 알 수 있다.

촉각수용기도 한몫을 거드는데, 여자는 온몸에 촉각 수용기가 1만 개나 있지만, 남자는 3,000개밖에 없다. 촉각수용기가 많기 때문에 여자들은 터치와 촉감에 민감하고, 자신을 부드럽게 어루만져 주는 것에 예민하게 반응하는 것이다.

남자는 섹스 그 자체에, 반면 여자는 섹스 후의 포옹에 집착하는 이유가 바로 여기에 있다. 여자들이 그토록 터치와 포옹에 집착하고, 남자들이 섹스에 집착하는 이유를 이제 확인했을 것이다. 이 부분에 대해서는 서로를 탓하지 말기 바란다. 그렇게 설계된 걸 어쩌겠는가? 물론, 그 남자가 성급하다는 건 인정하지만 과정만 본다면 그리 잘못된 행동도 아니다. 데이트date이지 않은가? 혹시 데이트의 어원에 대해서 아는가?

데이트 : [명사] 이성 간에 교제를 위하여 만나는 일. 또는 그렇게 하기로 한 약속.

요즘 사용하는 데이트라는 단어의 의미다. 그러나 데이트라는 말은 원래 거리의 여자를 돈을 주고 산다는 의미에서 유래되었다. 19세기 말에서 20세기 초 무렵 도시로 사람들이 모이고 젊은 청춘 남녀들의 만남이 늘어나면서 이들의 만남을 '데이트'라고 불렀던 것이다. 이는 데이트 비용과 연관이 있었는데, 당시 데이트 비용을 전액 남자가 지불했다는 것이다. 당시 여성들의 임금이 남자의 1/2 정도 수준이었기 때문이다.

문제는 이렇게 돈을 주면 필연적으로 원하는 게 있을 것 아닌가? 데이트라는 단어 하나에도 많은 의미가 담겨 있었던 것이다. 남자들이 데이트 비용을 내고, 여자의 비위를 맞추는 이유가 뭘까? 바로 그녀의 '몸'에 목적이 있기 때문이다.

여기서 궁금한 게 남자들이 돈 주고 '프로'를 찾는 것과 일반 여성을 만나는 것 사이에 어떤 차이가 있느냐는 것이다. 과연 어떤 차이가 있을까? 사실, 별반 차이를 느끼지 못한다. 물론 '결혼'이라는 장기적인 관계를 염두에 둔다고 하더라도 결혼까지 이어지지 않는다면 경제적인 관점으로 볼 때 남자는 돈을 안기고 여자는 그 반대급부로 몸을 주는 관계가 아닐까?

여기까지 남녀 간의 신체적인 차이점을 설명했다. 남은 건 '실전'에서 남자가 어떻게 움직이느냐다. 남자는 기본적으로 섹스를 굉장히 하고 싶어 한다. 때와 장소와 상대를 가리지 않을 정도다. 일단 여자가 '허락'의 의사를 표현하면 남자는 달려들 수밖에 없다.

우리나라에서 알아주는 철학자 중에서 T선생님이 있다(차마 본

명을 밝힐 순 없다. 유명한 분이시다). 초로의 이 노신사가 아주 진지하게 이런 말을 한 적이 있었다.

"남자가 죽기 전에 가장 후회하는 게 뭔지 아나? 여자가 주려고 했는데, 그걸 못 받아먹은 거야. 죽기 전에 그게 생각이 난다는 거야. 그리고 회한의 눈물을 흘리지……. 내가 왜 그런 멍청한 짓을 했던가?"

너무도 진지한 어투로 말했기에 어떻게 반박할 수도 없었다. 한국의 철학 부재와 천민자본주의에 대한 분노를 말씀하시던 분의 입에서 나온 말에 잠시 멍했던 기억이 난다. 더 놀라운 사실은, 생각을 가다듬고 곱씹어 보니 어느 샌가 이걸 인정하고 있던 나를 발견했다는 것이다. 이 말을 듣기 전까지는 의식하지 못했는데, 그 뒤로 나도 밤잠을 설쳐야 했다. '아……, 나 그때 무슨 미친 짓을 한 거지?'

섹스란 '시기'의 문제이지 '실행'의 문제가 아니다

이게 남자다. 섹스는 남자가 여자에게 원하는 최고의 '욕망'이다. 여기까지는 사실의 문제이고, 그다음부터는 여성들의 몫이다. '이걸 어떻게 잘 이용할까?'라는 고민을 해야 할 차례다. 개인적으로 남녀 관계를 말할 때 이 표현을 많이 쓰곤 한다.

'36억 대 1.'

이 숫자가 뭔지 알겠는가? 난자 한 개를 만들어 내는 동안 생성되는 정자의 양이다. 이게 남녀 관계를 대표하는 표현이라고 본다.

남자의 정자는 싸다. 싼 덕분에 대량으로 생산해 낼 수 있다. 이것이 남자의 번식 전략이다. 최대한 많이 생산해서 최대한 많은 곳에 씨를 뿌리는 것이다.

반면, 여자의 난자는 비싸다. 한 달에 겨우 한 개밖에 생산해 내지 못한다. 평생 가 봐야 고작 4백 개 정도 생산하는 게 다다. 여자들은 이 비싼 난자를 비싸게 팔아야 한다. 남자가 36억 개의 정자를 다른 곳에 뿌리지 않도록 막아야 하고, 한 개의 난자를 소중하게 여겨 임신을 하고, 출산을 하고, 육아를 할 수 있는 환경을 만들어 주도록 유도해야 한다.

여자들은 당연히 비싼 가격을 받고 팔려고 하고, 남자들은 이 36억 개의 정자를 최대한 많은 곳에 배출하고 싶어 한다. 남자들이 평생 배출하는 정액은 2리터짜리 PT병 2개 정도 분량이다. 충격적인 사실은 그중 2/3는 정상적인 곳, 그러니까 여자의 '질' 이외의 곳에 배출된다. 주로 제지업계의 발전을 위해 사용되고 있다. 이건 진화생물학적으로 검증됐고, 사회학적으로 인정받은 내용이지만 현재 대한민국 사회가 '일부일처제'를 표방하고 있기에 사회적으로 억압하고 있는 형태다.

남자는 '배출'하고 싶어 한다. 특히나 결혼 적령기의 남성들이라면 그 욕망이 더 강할 것이다. 그러다 보니 당연히 섹스를 생각하게 되고, 여자를 보면 조심스럽게 '섹스'의 가능성을 타진해 보는 것이다. 이걸 최대한 활용해야 한다.

남녀가 사귄다면 반드시 섹스하게 돼 있다. 요즘 같은 시절에는 이게 당연한 논리지만 1970년대 우리나라의 주간지에는, 약혼자와 섹스를 했는데 약혼자가 자기를 버렸다며 자살하거나 자살을 기도한 사건들이 종종 실리곤 했다. 1980년대까지만 해도 미혼 남녀의 섹스는 혼인을 전제로 한 섹스였다. 그럼 요즘의 남자들은 어떨까?

"여자와 자는 게 뭐가 문제죠? 못 자는 게 문제 아닌가요?"

그러나 여기에는 함정이 하나 숨어 있다. 남자들은 자기와 섹스할 여자와 자기와 살 여자를 전혀 다른 개념으로 접근한다. 호텔 나이트클럽과 홍대 클럽에는 남자들이 넘쳐나지만 결혼시장에는 남자가 없는 이유가 바로 그것이다. 뻔히 알고 있는 질문이지만 주변인들에게 질문을 던져 봤다. 여자가 결혼할 때까지 섹스를 거부한다면 어떻게 할 거냐고.

"요즘 그런 여자가 있어요?"

"조선시대에 사나?"

말들은 그렇게 하다가, 툭툭 자기들의 속마음을 드러내기 시작했다.

"처녀라면, 인정."

"처녀가 있을까? 진짜 처녀라면…… 인정! 조상님의 음덕蔭德이지."

처녀가 아닌 경우에 섹스를 거부한다면 어떤 반응을 보일까?

"…… 답답하네."

"금테 둘렀냐?"

"무슨 안 좋은 일 있었나?"

어느 정도 인정은 하지만 자기 여자에 대해서만은 정조를 말하고 싶은 게 남자다. 여자의 과거에 대해 쿨한 모습을 보여 주지만 막상 닥치면 남자의 본성이 그대로 나타난다. 남자들은 그동안의 사회적 교육과 경험에 의해 '처녀'란 말을 써서는 안 되고 처녀성이나 순결을 언급하는 것이 좋지 않다는 걸 알고 있다. 그래서 언급을 안 하는 것이지만 그 속에는 아직 그런 욕망이 남아 있다. 그것도 아주 건재하게……. 다시 물어봤다. 진지하게 결혼을 생각하는 여자라면 혼전에 섹스를 해도 무방한 걸까?

"다들 결혼 전에 하잖아요. 안 하는 게 비정상이지 않나?"

다들 결혼 전에 섹스를 하는 게 당연하다고 말했다. 그럼 진지하게 연애하는 상황에서 섹스를 한다면? 그 여자가 어떻게 비쳐질까?

"만나자마자 섹스하는 게 아니라면 헤프게 보이진 않을 것 같은데요?"

"만나고, 사귀고, 연애하다 보면 자연스럽게 섹스를 생각하게 되죠. 연애의 과정이니까, 그게…… 상황에 따라 다르지만, 전 3개월 넘어가면 슬슬 타이밍 보는데요? 1개월은 너무 짧고, 6개월은 좀 길죠? 중간에 남자가 지쳐요.(웃음) 그 사이에 들어가는 비용도 생각해야죠."

"과거라는 게 요즘은 그렇잖아요. '남자의 예의' 알면서도 최대한 묻지 않는 것. 알고 싶다면……. 하긴 알기 싫은 남자가 몇이나 될까요? 다 궁금하지 않아요? 최대한 돌려서 물어보긴 하는데, 어느 정도는 넘어가야죠. 시대가 시대니까요."

남자들의 신사협정이라고 해야 할까? 아니면 암묵적 동의라고 해야 할까? 알면서도 넘어가겠다는 것이다. 이야기를 듣다 보면 과거를 용인하되 유추할 수 있는 '이미지'만 주지 않는다면 남자들은 그냥저냥 넘어가는 분위기라는 걸 확인하게 됐다.

여담이지만 아우슈비츠 수용소 앞에 걸려 있는 문구인 "용서는 하되 잊지는 말자"는 남자들이 여자들의 과거를 바라보는 시선과 정확히 일치하는 문구라고 할 수 있겠다. 조신한 이미지만 제대로 만들면 남자들은 그 문제에 대해 별로 관여하고 싶어 하지 않는 눈치였다. 판타지다. 가짜 판타지지만 그걸 원하는 것이 남자들이다. 섹스에 대해서도 연애의 한 과정으로 받아들였다. 당연한 수순이라는 소리다. 이에 대해서는 이미 상당 부분 '계몽'이 됐다. 그러니 너무 두려워하지 말기 바란다.

섹스는 해야 한다. 물론, 자신의 결정에 따라 안 할 수도 있지만……. 그렇다면, 문제는 어떻게 하면 '잘'할 수 있느냐다.

"네 몸이니까, 네가 결정할 문제다"라는 원론적인 대답을 해야겠지만 요즘 같은 분위기 속에서 이건 무의미한 논란인 것 같다. 거의 대부분의 연애에서 섹스란 '언제 하느냐' 하는 시기의 문제이지 하고 말고의 실행의 문제가 아니다.

이 남자와 평생 섹스할 수 있는가 고민하라

모든 연애는 섹스 전과 섹스 후로 나뉠 수 있다.

섹스 전이 전초전이라면 섹스 후부터 본게임으로 들어간다고 할 수 있다. 루비콘 강이라고 해야 할까? 섹스라는 강을 넘고 나면 연애에는 수많은 변화가 생긴다. 섹스 전에는 여자가 주도권을 쥐고 움직였다면 섹스 후에는 무게 추가 급격하게 남자 쪽으로 넘어가게 돼 있다. 여자들도 그걸 알기 때문에 두려운 것이다.

단순하게 보면 체액 교환이고, 애정 표현의 또 다른 수단이라고 간단하게 치부할 수 있을 것이다. 체액 교환, 즉 남자에게 섹스는 단순한 '배출'이지만 여자에게는 '흡수'다. 외형만 본다면 신체를 '침범' 당하는 형태이고, 의학적으로 봐도 각종 성병과 임신 가능성을 생각해야 한다. 사회적으로는 결혼 시장에서 치명적 약점이 되는 '헤픈 여자'라는 소리를 들을지도 모른다. 의미를 부여하자면 한도 끝도 없고, 그 의미의 대부분은 안 좋은 쪽이다.

그렇다면 섹스를 최대한 안 하는 것이 여자에게 좋은 것일까? 그건 각자의 가치관과 처해 있는 상황에 따라 다르겠지만, 연애를 전반전과 후반전으로 나눈다면 섹스는 그 한가운데에 있다. 섹스 다음의 연애가 진짜 연애다. 여자를 위해서도 섹스는 해야 한다. 데리고 '놀' 여자와 데리고 '살' 여자의 차이. 이런 식의 남자들이 가진 이중성과 사회의 시선이 문제지, 그 나머지는 문제 될 게 없다.

현대의학의 발달로 성병과 임신 등 섹스에 수반되는 많은 문제가 해결되었다. 남은 문제는 사회적인 시선뿐이다. 그 시선에 대해서만 지혜롭게 대처한다면 섹스는 하는 게 좋다. 다만, 거기에 어떤 의미를 부여할 지를 결정한 뒤에 하는 것이 중요하다. 결혼을 생각한다면 전략적으로 접근해야 한다. 여자한테 섹스는 '전략 무기'다.

고대 그리스의 희극 〈류씨스트라테〉를 보면 전쟁을 끝내기 위해 그리스의 여성들이 '섹스 스트라이크'를 일으키는 장면이 나온다. 섹스는 예나 지금이나 여성들에게 강력한 '무기'인 것이다. 섹스를 배제한 결혼생활이란 게 얼마나 무의미할지에 대해 충분히 고민해 봐야 한다. 여기서 혼전섹스에 대한 의미가 나온다. 만약 결혼을 전제로 한다면 섹스를 해 보는 것이 좋다. 단순히 '속궁합'을 알아본다는 차원의 문제가 아니다. 물론, 이 부분도 중요하긴 하지만, 여성들이 확인해야 할 것은 바로 '감정'이다.

'이 남자와 평생 섹스할 수 있을까?'라는 대목이다. 자칫 간과해 버리기 쉬운데, 이 부분은 꽤 중요한 문제다. 지금 앞에 있는 남자와 평생 섹스할 수 있는가 없는가라는 판단. 그 판단 자료를 위해서도 혼전 경험은 중요하다.

의미부여를 하자면 한도 끝도 없는 섹스, 반대로 가볍다면 가벼운 것이 섹스라지만 전략무기의 전략적 사용이 지금 필요하다.

동생의 여덟 번째 질문

섹스에 대한 전략적 접근 방법이 있어?

8

어떻게 이야기를 시작하지? 아무리 여동생이라지만, 아니 여동생이기 때문에 이런 질문을 오빠에게 하기 어려울 것이다.

그런데 오빠도 섹스에 대한 문제엔 나름대로 전전긍긍이다. 쿨하게, 여동생의 성 생활을 인정하지만 가족이라는 '특수 관계인'의 울타리 안에 들어가면 이야기가 묘해진다. 남동생이라면 어느 정도 속 시원하게 이야기하겠지만, 여동생은 아무래도 염색체의 차이를 인정해야겠다.

지금부터 동생에게 꼭 들려주고 싶은 이야기를 간추려서 말해 보련다. 당부와 충고가 섞여 있다고 생각하면 좋겠다.

Dear Olivia.

섹스를 생각할 때 진짜 '고민'해야 할 것들

피임

나이가 나이이니 더 이상 설명은 안 해도 될 것이다. 물론 정말 괜찮은 남자를 만나서 한 번에 결혼과 임신을 해결해 보겠다고 속도위반을 시도한다면 말리지는 않겠다. 그러나 속도위반이 인생에 평생 꼬리표처럼 따라붙을 거란 사실을 생각해야 한다. 남자들의 가슴 한구석에 평생 'if'라는 가정법을 떠올리게 만든다. 배가 불러

오는 와중에 웨딩드레스를 입는 것도 그렇게 좋은 광경은 아니고 말이다. 어지간한 남자가 아니라면 그런 모험은 하지 말기 바란다.

자, 그럼 피임의 방법론에 대해 이야기해 보자. 미국이나 유럽 선진국들의 경우라면 당연히 남자가 피임을 준비하고 '콘돔'이라는 문명의 이기를 활용하는 문명인다운 모습을 보인다. 반대로 우리나라의 경우, 남자들이 콘돔을 기피하는 편이다. 아마 다들 알 것이다. 이런 경우 어떻게 해야 할까? 짐승 같은 남자를 탓해야 할까? 알아서 피임약을 복용해야 할까?

근데, 그 타이밍을 어떻게 잡지? 계속 피임약을 먹고 있을 수도 없지 않은가? 루프를 낄까? 루프의 경우, 남자가 알게 되어 좋을 일이 '절대' 없다. 내 손목을 걸지! 또 다른 방법, 섹스를 하고 나서 응급 피임약을 먹을까? 갑작스런 관계라면 당연한 수순이다! 무조건 복용하라. 가장 좋은 경우는 남자가 알아서 피임하는 경우다.

"남자가 경험이 없거나 경황이 없어서……."

이런 신소리는 하지 말기 바란다. 결혼을 전제로 진지한 연애를 하는 경우라면 그에 합당한 '예의'를 보여 줘야 한다. 나이가 있지 않은가? 그런 사리분별은 해야 한다! 만약 첫 관계부터 피임에 대한 생각을 안 한다? 그렇다면 한번 두 사람의 관계에 대해 진지하게 고민해 봐야 한다. 그럼에도 불구하고 강제로 진입을 시도하려 한다? 그 경우는 단호히 피임에 대한 의사를 물어봐야 한다.

여기서부터 복잡 미묘해진다. '생물학적 처녀'라면 모를까, 아닌 경우에는 '과거'라고 불리는 것에 대해 일정 정도의 부담감을 갖게 된다. 아무리 세상이 달라졌다 해도 말이다. 피임이나 '그런 쪽'에 너무 많은 지식을 갖고 있고 구체적인 행동을 보이면 남자가 나를 '헤픈 여자'로 볼까 봐 걱정되는 것이다. 그 마음, 이해한다. 그러나 아직 섹스에 대한 '대원칙'을 잘 모르는 것 같은데, 확실히 하자. 섹스는 나를 위주로 돌아가야 한다. 내가 하기 싫으면 하지 않는 게 맞다. 그리고 네 몸에 조금이라도 무리가 가는 일이 있다면 거부하든가 요구해야 한다. 섹스를 본인 중심으로 생각하는 것, 이게 대원칙이다.

과거(?)

과거라고 불리는 그 정체 모를 '유령'에 대해 말하기 전에 남자들이 왜 이렇게 여자의 '정절'에 대해 집착하는지에 대해 먼저 설명해 볼까 한다. 일단 그 집착의 원인과 강도를 알아야 여자들의 어설픈 각오를 교정할 수 있을 것이기 때문이다.

진화심리학자인 데이비드 버스는 22개 문화권에서 남녀가 서로를 매혹시키는 130가지 전략을 발견했는데, 이 전략에서 남자가 여자에게 반하는 세 가지 우선 조건이 있었다.

첫째, 정절
둘째, 다른 남자와 섹스하지 않기
셋째, 헌신적인 태도 보여 주기

여성은 기본적으로 이 3가지 덕목을 갖춰야 한다고 주장하는 남성들이 전체 남성의 93퍼센트에 달했다는 것이다. 왜 남자들은 여자들의 정절에 집착하는 걸까? 사기를 당하지 않기 위해서다. 200종 이상의 영장류를 포함해서 4,000여 종의 포유류들 중에서 인간 '남자'처럼 장시간 '투자'를 하는 경우는 드물다. 기껏해야 1~2초? 길어 봤자 7초 내외가 아버지로서의 역할을 한 시간의 전부다. 이걸 '부성투자'라고 하자. 그냥 사정만 하고 냅다 도망가는 것이다.

인간 남자의 경우는 다르다. 최소 10년 이상, 평균적으로 20년 가까이 투자를 해야 한다. 자신의 가족을 부양해야 하는 것이다. 그런데 내 자식이 아닐지도 모르는 새끼를 위해 이 정도의 투자를 해야 한다면 그것을 감당해 낼 남자가 몇이나 될까? 결국 이렇게 해서 나온 게 '투자 보장책'으로서의 여자의 정절이었다. 이게 대한민국 남자들만의 문제가 아니라는 걸 확실히 하자. 남자들에 대한 변명은 아니다. 이건 남자들의 본능이다.

물론, 천지가 개벽해서 지금은 여자의 '생물학적 처녀성'에 대한 집착은 많은 부분 해소되었다고 할 수 있다. 그러나 아직도 그 망령은 끈질기게 살아남아 남자들의 의식 근저에 잠복하고 있다. 진지하게 주변 남자들에게 질문을 던져 봤다.

"처녀라는 게 요즘 세상에 있겠어? 게다가 나이가 서른 살이 넘어가면……. 그래도 처녀라면? 그 거짓말 믿어도 돼? 정말? 그럼, 나야 고맙지!"라는 반응이었다. 도식적이지만, 남자는 같이 잔

서른 넘은 여자가 '처녀'인 경우 두 가지 반응을 보인다. 데리고 '놀' 여자인 줄 알았는데, 처녀인 경우에는 당황할 거란 반응이었는데, '발목 잡힐까 봐'였다. 처녀성에 대한 과도한 의미부여를 경계하는 것이었다. 그럼 데리고 '살'여자인 경우에는?

"감사하지. 내가 전생에 나라를 구한 거야. 아니면, 조상님들의 음덕이거나……."

서른 살이 넘어가는 여자가 처녀라는 건 뭔가 문제가 있다는 시각이 아니라 오히려 고마워해야 할 일이라는 것이다. 요즘 여성들의 '정절'에 대해 회의적인 시각을 가진 후배는 이런 말을 했다.

"처녀요? 비디오만 안 찍히면 그게 처녀죠. 토렌트Torrent(하나의 파일을 여러 조각으로 쪼개 프로그램 사용자끼리 인터넷상에서 직접 공유하는 프로그램 – 편집자)에서 여자 친구 얼굴만 안 보면……, 그걸로 만족하고 살아야죠."

결혼할 여자의 과거에 대해 궁금하지 않느냐라는 질문에 대해서는, '판도라의 상자'를 여는 격이지만 그래도 궁금하다는 것이다. 우회적으로 어떤 식이든 파 보려고 시도하는 게 남자다. 이런 건 슬기롭게 넘어가야 한다. '요즘 세상에……'라는 생각은 잠시 접어 두는 게 좋을 것 같다. 남자란 존재가 좀 그렇다. 알고 싶지만 평화를 위해, 관계 유지를 위해 참겠다는 것이다.

섹스 경험이 있다면 몇 명까지 용인하겠느냐는 질문에는 거의 대부분 묵묵부답이었다. 쿨하게, "세 자리 수만 아니면 되지 않나?"라고 대답한 남자도 있었지만 반은 농담이었다. 그 질문을 받은 사람들 대부분 표정이 별로였다. 어쨌든 다시 질문을 던져 봤다.

"한 명이랑 백 번 섹스를 한 거나, 백명이랑 한 번씩 섹스한 거나 횟수는 똑같잖아?

난리가 났다. 결론은 둘 다 싫지만 그래도 고르라면……, 한 명이랑 백 번 한 여자였다.

남자들, 이런 식이다. 찌질하게 보일까 봐 차마 말은 못하지만 여자의 '과거'에 대해 상당히 민감하게 반응한다. 그래도 예전에 비하면 많이 '계몽'됐다고는 하지만 이에 대한 대처 방안을 생각해 봐야 한다. 언제고 돌발적으로 물어올 수도 있는 문제이고, 섹스를 한다면 이 문제가 수면 위로 떠오를 수도 있다. 아닌 경우도 많겠지만 어떤 방식으로든 만약을 대비해야 한다. 일테면 우회적으로 지나가듯이 물어볼 확률이 있다. 이 대목에서 충고 한 마디 하려고 한다.

"아니라는 전제 하에서, 혹은 과거가 거의 순백에 가까울 정도로 깨끗하다는 방향으로 정리를 해. 이미지와 판타지라고 생각해. 조신한 분위기만 연출해. 남자가 원하는 건 그런 이미지니까."

어쩔 수 없다. 알면서도, 별것 아니라는 거 인정하면서도 남자의 습성이 그렇다. 이 경우 추천할 수 있는 멘트는 이런 것들이다.

"별거 없었어."

"공부하느라……. 취직하고 나서는 직장생활에 쫓겨서 제대로 연애할 틈도 없었어."

이런 식으로 포장하기 바란다. 만약 남자가 있었다는 전제 하에서 이야기를 구성할 거라면 말이다.

"오다가다 스치는 정도? 별거 없었어" 식의 멘트를 미리 정리해 두기 바란다. 만약 남자가 여기서 한 발 더 나아가 구체적인 숫자나 장소, 기간 등에까지 관심을 가진다면 한두 명 정도 선에서 슬쩍 흘리길 바란다. 남자 후배 한 명이 자신의 경험담을 말한 적이 있다.

"'한두 명? 1.5명이라고 해야 하나?' 그런 말을 들었는데, 그날 밤 잠이 안 왔어요. 한 명이면 한 명이고, 두 명이면 두 명이지 1.5명은 뭘까? 반쯤 삽입하다 만 건가? 애무만 하다 끝난 건가?"

남자란 이런 존재다. 최대한 말을 흐리길 바란다. 구체적인 숫자나 이미지를 밝히지 말고 '별거 없었어'라는 멘트를 준비하기 바란다. 만약 여기서 더 추궁해 들어온다면 시니컬하게 이렇게 말하라. 이때 슬픈 표정을 지어도 좋다.

"그게 중요해?"

이렇게까지 했는데도 더 들어오면 그 남자와의 관계를 원점에서 다시 생각하는 게 좋다. 이건 상호간에 합의된 예의인데, 그 예의의 범주를 넘어섰다는 건 널 '심하게' 물건 취급한다는 뜻이기 때문이다. 앞날이 힘들어질 게 뻔하다.

섹스를 하겠다는 결심이 서면 우선 네 과거를 어떻게 포장할지 충분히 고민하고 나서 대응 태세에 들어가기 바란다. 더럽고 치사하지만 어쩔 수 없다. 그게 남자다.

재미있는 이야기 하나 해 줄까? 대부분의 동물들은 공개된 장소에서 교미를 한다. 대신 뭘 먹을 때는 숨어서 몰래 먹지. 그런데 인간은 정확히 그 반대야. 식사는 공개된 장소에서 하면서 그것은 남들이 안 보는 곳에서 하려고 기를 쓰지. 여자는 남자보다 이런 경향이 더 심하고. 이게 동물과 사람의 차이다.

살라미 전술 salami tactics

외교 협상 전술 중에 '살라미 전술'이라는 게 있다. 하나의 과제를 여러 단계별로 세분화해 하나씩 해결해 나가는 전술인데, 이탈리아 소시지 살라미에서 따왔다.

이 말을 꺼낸 이유는, 자신의 몸을 그런 식으로 활용하라는 말을 하기 위해서다. 이런 말을 하기 전에 이미 많은 여자들이 자신의 몸을 그런 식으로 활용하고 있을 것이다. 몸을 세분화해서 오늘은 손목까지, 다음에는 허리까지, 그다음은 포옹, 그다음은 키스, 그다음은 가슴(보통 키스를 할 때 같이 들어오는 경우가 많지만), 이런 식이다.

이미 알겠지만 "남자의 스킨십에는 후퇴가 없다"라는 말이 있다. 남자는 오로지 전진밖에 모른다. 어제 진도가 키스까지 나갔다면 내일은 반드시 가슴에 도전하려는 게 남자다. 이런 식으로 허용하다 보면 일주일도 안 돼 모텔 방에 같이 누워 낯선 천장을 올려다봐야 할 것이다. 그걸 원한다면 할 말이 없지만…….

가급적이면 부위를 정해서 최대한 시간을 끌기 바란다. 너무 빼면 남자가 실망할 수도 있고, 너무 적극적이면 남자가 '헤픈 여자'로 볼 수 있기 때문이다. 일단은 섹스 전까지 최대한 간극을 두기 바란다.

타이밍

21세기를 살아가는 현대 여자들은 섹스 자체에 대한 거부감은 별로 없다. 물론, 예외는 있겠지만……. 요즘 같은 시절에 고루하게 처녀 따지고 그럴 일도 아니고 섹스를 하는 것까지는 이해를 하겠는데, 문제는 과연 '언제'가 적절한 타이밍이냐다.

"너무 빨리하면 날 헤픈 여자로 보지 않을까?"

당연하다. 헤픈 여자로 본다. H호텔 지하에 있는 J나이트클럽에서 만나 바로 호텔방으로 직행, 원 나잇을 했다 치자. 그 여자와, 혹은 그 남자와의 결혼에 대해 진지하게 생각할 수 있을까? 길 가던 남자를 붙잡고 물어보기 바란다. 힘들 것이다.

모든 문화권에서 여자의 '빠른 섹스'는 남자들에게 의구심을 자아내게 만든다. 결국은 '단기 교제'로 끝나게 돼 있다. 단기 교제? 섹스 파트너로 본다는 것이다.

생각 같아서는 살라미 전술로 끝까지 버티다가 서로의 감정이 무르익었을 때 체액 교환을 하라고 권하고 싶다. 섹스를 거부하는 것? 심사숙고의 결과라면 인정한다. 그렇지만 가급적 결혼 전에 서로 확인할 건 확인하는 것이다. 문제는 타이밍이다.

이 타이밍을 잡는 게 미묘하다. 상대에 따라 다르고 상황과 환경에 따라 다르다. 남자와 여자가 있다. 거기에 적당한 알코올과 분위기만 더해 주면 자연스럽게 섹스라는 결과가 나온다.

아니, 분위기도 필요 없다. 그냥 알코올과 함께 남자의 '적당한 멘트'만 있으면 된다. 나이 먹을 만큼 먹었고, 알 것 다 알고, 신체 건강한 두 성인 남녀라면, 남자 쪽의 경우 거의 대부분 조금이라도 빨리 하려고 할 것이고 여자 쪽은 되도록 늦추고 싶어 할 것이다. 그게 인지상정이다. 반대의 경우도 있을 수 있겠지만, 그건 극히 예외적인 경우일 것이다.

과연 언제가 좋을까? 첫눈에 반해 바로 할 수도 있고, 반년 넘게 질질 끌었음에도 별로 마음이 동하지 않을 수도 있다. 그건 알아서 해결해야 할 문제다. 다만 조언을 원한다면, 1개월 안쪽은 너무 빠르고 3~6개월 사이에서 적당한 타이밍을 잡는 게 좋을 것이다. 이 기간을 넘어가도 뜨뜻미지근하다면 결혼까지 넘어가는 게 힘든 케이스라고 보면 된다.

여자가 섹스를 생각할 정도라면 남자 쪽도 어느 정도 교감이 있고 '아, 이 여자랑 섹스한다는 건 원 나잇 스탠드가 아니라 어느 정도 미래를 예상해 볼 수 있는 거구나'라는 걸 어렴풋이나마 알게 된다. 둘 다 어느 정도 예상은 하고 있고 암묵적인 '뭔가'가 있다는 걸 감지한 상태다.

이 순간 적당한 선을 찾아야 한다. 일률적으로 정할 수는 없지만 최후의 선이 3~6개월 정도라고 보면 된다. 이 기간이 넘어간다면 문제가 있는 것이니 말이다. 남자가 너에게 별 매력을 못 느끼거나 남자 자체에 문제가 있는 경우다. 그럴 땐 시간 낭비하지 말고 대안을 찾아야 한다. 시기와 장소의 문제점을 단적으로 보여 주는 사례를 하나 소개하겠다.

한 후배 녀석이 내게 충격적인 고백을 한 적이 있다.

"군대에 있을 때 편한 친구로 지내던 여자 애가 절 면회 온 적이 있어요. 어떻게 하다 보니 같이 자게 됐죠. 그 애는 잔뜩 긴장했는지, 지나가듯이 '속옷 안 맞춰 입고 왔는데…….' 그런 멘트까지 날리더라고요. 솔직히 그게 무슨 상관이에요?(100퍼센트 동감한다. 남자는 포장지보다는 그 알맹이에 관심이 더 많다! 아니, 알맹이에만 관심이 있다!) 그리고 했죠. 그다음 날 여관방에서 나오는데, 여자애가 조심스럽게 묻는 거예요. '우리……, 이제 사귀는 거지?' 어……, 황당했죠. 그래서 되물었죠. '왜?' 그다음은 뭐…… 귀싸대기가 날아오고, 그냥 그렇게 끝났어요."

이 이야기의 교훈은 두 가지다. 첫째, '목적'을 가진 섹스는 조심스럽게 접근해야 한다는 것. 사전에 어떤 사인이 있고 난 다음 '거래'에 들어가야 한다. 남자는 갑작스런 섹스를 '원 나잇'으로 생각한다. 사전 교감이 없는 섹스를 남자는 '일회용'으로 치부하는 것이다. 둘째, 섹스에 과도한 의미를 부여하지는 말라는 것. 섹스에 의미를 부여하는 순간, 남자는 도망간다. 그 후배에게 '왜' 그랬냐고 되물었는데, 비슷한 대답이 돌아왔다.

"우발적인 섹스였는데……. 걔가 무슨 마음이 있었는지 몰랐거든요. 나한테 마음이 있는 건 알겠는데, 그때까지 걔가 무슨 짓을 하고 다녔는지 어떻게 알아요? 나랑 처음으로 진지하게 이야기했는데, 그날 밤 바로 같이 잠을 잤잖아요? 게다가 전 군바리인 상황에서……. 믿을 수가 없죠. 저 안에 있는 동안 걔가 밖에서 무슨 짓을 하고 다닐지……. 그리고 섹스 한 번 했다고 갑자기 사귀자고 하다니……, 황당하지 않아요?"

이게 남자다. 여자랑 섹스를 하고는 싶어 한다. 하지만 나와 사귈 여자는 조신하길, 혹은 최소한 조신한 척하길 바라는 것이다. 섹스를 하더라도 시기와 장소를 생각하기 바란다. 물론, 남자의 입장에서는 무조건 빨리 하는 게 좋다. 하지만 그 시기가 너무 빠르거나 갑작스럽다면 남자들은 상대방에 대한 '생각'을 달리하게 돼 있다. 아울러 그 섹스에 어떤 의미를 부여하는 순간 남자는 용수철처럼 튕겨 나가 버리게 돼 있다. 그 '의미'라는 걸 '족쇄'로 받아들이는 게 남자이기 때문이다.

의미부여 금지

20대 여성들이 섹스하고 난 후 통상 범하는 오류 두 가지가 있다. 하나는 '몸의 착각'이고, 나머지 하나는 과도한 '의미부여'다. 몸의 착각은, 아마 다들 경험해 봤을 것이다. 섹스를 하고 나면 몸에 남는 흔적, 즉 '온기'를 상대방에 대한 '사랑'으로 착각하는 것이다.

"사랑하기 때문에 섹스한 거 아냐?"라고 말할 수 있는데, 섹스하고 나서 더 매달리게 되는 케이스다. 몸이 반응하니 이게 사랑의 확인이고 천생연분이다 같은 식의 '의미'를 부여하는 것이다. 따라서 '아닌 남자'라도 사랑이라고 착각하게 되기 쉽다. 이런 경우를 방지하기 위해서라도 남자 경험이 필요하지만 이미 충분히 경험했을 것이라 믿는다. 그렇지 않다면 방법이 없다. 열기가 식길 바랄 뿐이다.

노파심에서 하는 말이지만, 섹스 직후 느끼는 감정을 사랑으로 연결하지 말기 바란다. 이건 몸 안에 있는 옥시토신의 영향이다. 옥시토신은 사람에게 평안함과 안온감을 준다. 덕분에 눈앞에 있는 상대에 대한 '착각'에 빠져들게 만든다. 착각 정도에서 그치면 그래도 괜찮겠지만 여기에 집착이 달라붙으면, 그때부터 지옥문이 열리는 것이다. 여기에 불을 붙이는 게 바로 '의미부여'다.

섹스는 여자에게 있어서 최고의 전략적 자산이다. 여자가 쥐고 있는 비장의 카드가 바로 섹스다. 이 카드를 써 버린 것이다. 원초적인 고민이 시작될 수밖에 없다. '남자가 나랑 자고 나서 날 버리는 거야?' 이런 고민, 충분히 이해한다.

여자의 '전략적 자산'인 섹스를 획득한 남자들은 이후 '돌변'하는 경우가 종종 있다. 여자를 만나는 목적의 거의 전부라고 할 수 있는 '섹스'를 확보했기 때문이다. '깃발 꽂다', '자빠뜨렸다', '따먹었다' 등 남자들은 여자를 정복의 대상으로 보는 단어들을 무수히 쏟아 낸다. 남자들에게 섹스는 '정복'의 상징이니 말이다. 이미 정복해 버렸으니 당연히 시들해질 수밖에 없다. 일종의 허탈감이랄까, 공허함이랄까! 아무튼 고양감은 이미 버스처럼 저 멀리 지나간 뒤다.

남자들은 기본적으로 한 번 잔 여자는 앞으로도 계속 잘 수 있을 것이라는 착각을 한다. 한 번 '줬으니까' 계속 줄 거라는 단순한 생각인 것이다. 거의 모든 정상적인 남자들의 머릿속에는 이런 생각이 은연중에 깔려 있다. 시대착오적이지만 섹스를 했으니 저 여자는 내 여자라는 생각을 하는 남자도 있고 말이다.

재미난 이야기를 하나 해줄까? '5회 현상'이라는 게 있다. 인간뿐만 아니라 소, 돼지, 양 등에서도 발견되는 현상인데(이런, 인간을 순식간에 소와 돼지의 등급으로 하락시켜 버렸다!), 소와 돼지는 한 암컷과 다섯 번 교미를 하고 나면 암컷에 대한 흥미를 잃게 된다고 한다. 그리고 다른 암컷을 찾게 되는 것이다.

이것이 바로 '5회 현상'이다. 유감스럽게도 이 5회 현상은 인간 남자에게도 해당된다. 왜 그런 걸까? 이것도 진화의 산물인데, 수컷들은 기본적으로 많은 '씨'를 뿌리는 생식 전략을 발전시켜 왔다. 그러다 보니 되도록 많은 암컷에게 씨를 뿌리는 전략을 선택하게 됐다. 그리고 경험치를 통해 '5번 정도 교미를 하면 암컷을 임신시킬 수 있다'라는 확신을 갖게 된 것이다. 즉, '5번이면 충분해! 이제 다음 암컷을 찾으러 가 볼까?'라는 생각인 것이다.

남녀 간의 섹스에서 설렘이 첫 번째다. 그리고 그 뒤로 얼마간 좋은 분위기를 유지하지만 그다음부터는 계속 하향곡선을 그리게 된다. 결혼한 직후부터 신혼 초 2년 간 한 섹스의 총 횟수가 신혼 2년 후 죽을 때까지 한 섹스의 숫자보다 더 많다는 사실을 어떻게 설명할 수 있을까?

여자는 모르겠지만 남자는 관계가 지속되면 흥미가 떨어진다. 이건 어쩔 수 없다. 그런데 지금 그 뚜껑을 열어 버린 것이다. 섹스 후에 남자가 도망갈 수도 있다는 가능성을 과학적으로 살펴보았다. 물론, 사회적인 시선과 각자의 사정에 따라 억제되고 있지만 기본적으로 남자들의 진화 과정은 그렇게 형성돼 있다.

남자들은 섹스에 대해 여자만큼의 의미부여를 하지 않는다. 36억 개를 방출해야 하는 남자의 입장에서는 36억 개 전체에 모두 의미를 부여할 수는 없지 않은가? 그러나 여자는 난자 1개를 정성스럽게 키워야 하는 입장이기에 주저하지 않을 수 없다. 결국 여자는 섹스에 대해 온갖 의미를 부여하게 될 수밖에 없다.

재미있는 것은, 남자와 여자가 만나다가 헤어질 때 섹스 전후로 다르다는 점이다. 즉 섹스하기 전에 만나다 헤어지면, '그 남자 뭐야? 간만 보다 간 거야?' 하고 생각하기 쉽고, 섹스 후에 헤어지면 '뭐야? 결국 내 몸이었어? 나쁜 놈!' 하고 생각하기 쉽다. 섹스를 하고 헤어졌다는 이유로 '더' 나쁜 놈이 돼야 한다. 이에 대한 남자 쪽 반론도 만만찮다.

"자기도 좋아서 한 거잖아? 그런데 왜? 강제로 한 게 아닌데?"

"데이트 비용은 내가 다 냈어요. 까놓고 말해서 내가 나쁜 놈이 돼야 하는 이유가 뭐지?"(이 대목에서 중요한 것은 남자들의 머릿속에는 부지불식간에 '화대'의 개념이 발현되는 부분이 있다는 점이다. 여차하면, 준만큼 했다는 의미가 된다. 데이트란 말의 어원을 생각해 보라. 그리고 데이트 비용의 부담자가 누구인지를 생각해 보라.)

남자들은 섹스에 대한 의미부여 같은 건 안 한다. '내 여자'라는 확인의 과정일 뿐이다. 아니면? 다른 여자를 찾는다. 여자들만 여기에 의미를 부여하고, 심각하게 고민한다.

'섹스했으니, 관계가 진전된 거지?'
'섹스했으니, 이제 특별한 관계가 된 거겠지?'
'섹스했더니, 연락이 뜸해. 이제 마음이 식은 거야?'

망상이다. 비약이 좀 심한 것일 수도 있는데, 섹스에 의미를 부여하기 시작하면 끝이 없다. 스스로를 들볶는 것이다. 아울러 이런 뉘앙스를 남자 측에 비추는 순간, 남자는 십중팔구 뒤로 물러서게 돼 있다.

글을 쓰면서 주변 남자들의 의견을 들어봤다. 여자들이 예상하고, 원하는 남자들의 연령대와 수입, 교육 수준도 고려해 봤다. 그 결과, 이제까지 나온 이야기는 노파심이나 기우에 불과하다는 생뚱맞은 결론이 나왔다.

30대의 경우, 일정 수준 이상의 교육과 사회 경험, 연애 경험이 있다. 30대의 사랑과 섹스는 아름답고, 매끄럽고, 부드럽다. 남자들의 경우는 여자들의 마음을 헤아릴 줄 아는, 혹은 최소 그런 시늉이라도 할 수 있는 여유와 지적 능력, 그리고 노력할 자세가 돼 있다. 신체적으로 20대에 비해 떨어진다 해도 원숙미가 있고 세련됐다. 사용하는 언어가 다르고, 여유와 함께 자신의 감정을 순화시켜서 표현하는 법을 안다.

게다가 '결혼'을 전제로 연애하고 섹스한다면 좀 더 조심할 줄 아는 센스도 있다. 30대의 연애와 섹스만큼 기술적으로 완숙한 경우가 있을까? 특히나 남자의 경우에……. 물론, 개별적인 차이가 있겠지만 전 연령대를 비교해 보면 가장 무난할 것이다.

여성들도 마찬가지일 것이다. 밀당이나 기술을 어떻게 쓸까 고민하고, 섹스의 타이밍을 잡으며 고민하더라도 막상 상황이 벌어지면 주어진 역할에 충실하려고 애쓸 것이다. 이미 그런 경험이 있고, 설사 경험이 없다손 치더라도 이제까지의 '나이'가 있기에 훨씬 여유롭게 대응할 수 있을 것이다. 남자들 역시 마찬가지다. 간혹 규정 외의 인간이 있긴 하지만 '예의'란 걸 알고 있고, 그 자리에 합당한 모습을 보이려는 노력을 기대할 수 있다.

남녀의 기본적인 본성을 말했는데, 이걸 포장하고 억누를 수 있는 이성과 경험이 30대의 남성과 여성들에게는 있다는 말을 하고 싶다. 그러니 너무 겁먹지 말고 여성이 해야 할 연기에 충실하길 바란다. 특히나 섹스에 의미를 부여하고 그에 따른 무리수를 두지 말라는 충고를 잊지 말기 바란다.

이야기가 길어졌는데, 잠깐 정리해 보자.

첫째, 몸이 주는 친밀감을 사랑이나 다른 감정과 혼동하지 말자. 이미 나이가 있으니 그런 데 빠지진 않겠지만 혹시나 하는 노파심에서 말해 주는 것이다. 이런 이야기를 하는 건 너희들 몸 안에 있는 옥시토신이란 호르몬 때문이다. 사랑을 하고, 섹스를 하면, 여자들 몸 안에 있는 옥시토신Oxytocin이 미친 듯이 발광한다. 편안함과 안온감을 느끼게 하는 이 호르몬 덕분에 앞에 있는 상대에 대해 착각하게 된다.

둘째, "섹스하고 나면 남자가 돌변한다"라는 주장은 어느 정도 근거 있는 이야기다. 그러나 상대방이 30대라면, 그리고 이 사회에서 보편타당한 가정교육과 학교교육을 받아온 남자라면 최소한의 예의는 지킬 것이라고 기대해도 된다. 그러니 너무 걱정하지 마라. 최악의 경우? 그냥 '원 나잇 스탠드'라고 생각해라. 욕 한 번 해 주고, 기억에서 지워 버려라.

셋째, 섹스가 여자에게 중요한 자원이고 상당한 의미가 있다는 건 안다. 그렇지만 섹스 후에 스스로에게 과도한 의미를 부여하진 마라. 자신만 힘들어진다. 그걸 못하겠다면 혼자의 고민으로 끝내라. 남자 쪽에게 네 감정을 전달하는 순간, 남자 쪽 분위기도 묘해진다.

집착

집착이란 건 자신이 소중하다고 생각하던 것이 사라지거나 부재할 경우에 발생한다. 섹스하고 난 후 여자들은 남자들에게 더 집착하는 경향을 보인다. 의미부여하기 시작하는 것이다. '나와 섹스를 했으니 이제 우리 관계도 진전됐고 나이도 생각해야지…….'

섹스하고 나서 어떤 행동을 취해야 할까? 가끔 보면 관계가 발전되고 본격적인 연애가 시작되는 시점에서 여자의 집착이 나타나는 걸 확인할 수 있다. 인정한다. 이건 어쩔 수 없다. 여성들 몸 안에서 일어난 일이기에 말이다. 여자들의 경우 옥시토신 수치가 높다.

이런 상황에서 세로토닌 수치가 낮아지면 집착으로 발전하게 돼 있다. 여성들이 남자친구에게 하루에 20~30번씩 전화를 하게 되는 것이 바로 그 때문이다. 이럴 땐? 우선 햇빛을 많이 받아야 한다. 세로토닌을 활성화시켜서 이를 억제해야 한다.

섹스하고 나면 여자들은 집착하게 돼 있다. 의미부여하지 말라고 하고, 몸의 착각에서 빠져 나가라고 하는 이유가 바로 이것 때문이다. 호르몬 불균형에 따른 신체적인 문제만은 아니다. 섹스라는 게 어쩌면 여자가 줄 수 있는 최고의 '자원'이기 때문에 불안해지는 것이다. 섹스까지 허락해 줬는데, 저 남자가 다른 생각을 한다면? 그런 생각을 하는 것이다.

다시 말하지만 '섹스는 그냥 섹스일 뿐이야. 연애의 한 과정일 뿐이라고. 섹스를 했는데, 맞지 않는다면? 쿨하게 헤어질 수도 있어'라고 생각하기 바란다. 그리고 담담하게 남자를 대하라. 남자들도 이건 실감하는 이야기다.

"같이 자고 나면, 뭐랄까……. 어떤 압박감을 느끼죠. 하는 건 좋은데, 여자들이 여기에 과도한 의미를 둬요. 그냥 섹스일 뿐인데……."

남자들을 욕하지 말자. 사고 체계가 다른 것이다. '36억 대 1의 번식 전략'을 염두에 두기 바란다.

"라면 먹고 갈래요?"가 "나, 피임약 먹고 있어"로 발전하려면?

불현듯 미국 시트콤에 자주 나오는 대사가 생각났다.

"I'm on the pill."

직역하자면, "나 피임약 먹고 있어"가 될 것이다. 멋진 남자와 데이트를 즐기던 여자 주인공이 자기 집까지 바래다 준 남자친구에게 던지는 말이다. 보통 이럴 때 남자들은 못 알아듣는 척하거나 그들만의 말장난으로 넘어간다. 우리로 치자면, "라면 먹고 갈래요?" 정도의 의미가 될 것 같다.

"라면 먹고 갈래요?"가 "나, 피임약 먹고 있어"까지 가려면 얼마 정도의 시간이 필요할까? 그래도 10년 전보다는 많이 나아졌고, 20년 전보다는 엄청난 진보를 보이고 있는 게 남녀 관계다.

조만간 더 많은 변화가 있을 것 같다. 그때까지 우주왕복선을 계속 타야 하는 건지, 현실에서처럼 우주왕복선을 폐기처분하고 새로운 대안을 찾아야 할지는 모르겠다. 오빠 입장으로서는 여동생에게 보수적일 수밖에 없는 것인가 보다.

동생의 아홉 번째 질문

'코리안 사만다'로 살아 볼까?

9

동생의 친구 중에 '전설'이 한 명 있다. 자그마치 150여 명의 남자와 섹스를 했다는 여성이다. 이걸 일일이 다 카운트했다는 게 더 신기하다. 반신반의다. 15명에다가 '0'을 하다 더 붙인 게 아닐까란 생각을 해 본다. 인생이 안 풀려서 그 스트레스 때문에 이 남자, 저 남자 걸리는 대로 섹스를 했다는 것이다.

처음에 그 얘기 듣고 '님포마니아Nymphomania: 색정광'인 줄 알았다. 그런데 그건 또 아니란다. 아무튼 그녀는 나중에 자기 제자와(석사 학위가 있어서 잠시 시간강사로 출강했다) 섹스를 하고, 자괴감과 우울증의 늪에서 헤어 나오지 못한 적도 있다고 한다.

결국 그녀의 친구들은 그녀에게 '코리안 사만다'라는 영예로운(!?) 별명을 안겨 주게 됐다. 〈섹스 앤 더 시티〉의 '사만다'에서 따왔다.

문제는 이 '전설'이 로또를 터트렸다는 것이다. 무려 150여 명의 남성과 섹스했음에도 불구하고 미국 아이비리그 출신 대학을 나와 미국에서 연구원으로 근무하는 꽤 괜찮은 남자를 꿰찬 것이다. 동생과 동생 친구들은 그야말로 '멘붕'에 빠졌다.

올 **오빠! 이게 말이 돼? 나는 내숭 떨 거 다 떨고, 조신한 척은 다 하면서도 남자가 없는데……. 자그마치 150명이라고!**

나 **…… 아, 정말 그런 애가 있으면 오빠를 먼저 소개시켜 줘야지.**

올 **오빠!!**

나 깜짝이야……. 네 친구가 시집 잘 가는데, 도대체 뭐가 문제냐? 누군 남자관계가 복잡한데도 시집 잘 가고, 누군 순정을 지키려니 배가 아픈 거야?

올 남자들이 이해가 안 가서 그래! 조신한 여자를 찾는다고 하면서, 결국은 많이 놀아 본 여자랑 결혼하는 거잖아!

나 그걸 왜 나한테 그래? 남자들한테 말해!

올 오빠가 남자잖아!

나 억울하면, 네 친구 남편한테 투서라도 보내!

올 …….

전설이 된 '코리안 사만다'는 원조 사만다가 있는 나라로 떠나 남편과 그럭저럭 사는 것 같다. 처녀 시절 '행실'을 알고 있는 친구들은 그녀의 인생을 보며 심각한 가치관의 혼란에 빠져야 했다. 여자 인생을 말할 때 이런 농담을 한 적이 있다.

"학교 다닐 때 공부 열심히 안 하고 놀기만 했는데, 꼭 그런 애들이 남자 잘 꼬셔서 시집을 잘 가. 시집만 잘 가? 시집가서도 잘 살아. 게다가 애를 낳았는데, 애가 공부도 잘해! 이게 도대체 뭐냐고!!"

Dear Olivia.

욕할 이유가 있을까?

'코리안 사만다'에 관한 이야기를 남자들에게 전하자, 반응은 가히 폭발적이었다.

"그 남자 참……. 전생에 나라를 팔아먹었나 보네."

"지금이라도 알려줘야 하지 않을까?"(알려서 뭘 어쩌게? 가정 파탄 낼 일 있어?)

"이래서 공돌이들은 안 돼. 너무 순진하다니까……. 어릴 적부터 기계랑 노니까 여자를 경험해 봤겠어? 공대에 여자 있는 거 봤냐? 연구실에 틀어박혀 실험만 하고, 허구한 날 공부만 하니까 결국 그런 여자랑 결혼하지."

전공과목에 따라 어떤 '특징'이 있다는 환상이 있는 것 같다. 인문계 쪽은 멋지다고 한다. 나름 철학을 사유하고, 고뇌하는 모습이 옆에서 지켜보면 멋지다는 것이다. 게다가 언제나 자기중심적이라서 여자를 기다리게 만들고 애를 태운다는 것이다. 연애할 때는 정말 멋있지만 남편감으론 '꽝'이란다. 게다가 경제력 면에서도 딸리는 경우가 많다.

반면 공대 계열은 조금 답답하지만 정말 착하다는 평가다. 자신을 어떻게 포장할지 모르고, 우직하고, 자기 일에 충실하고, 순진하기까지 한 최고의 신랑감이라는 것이다. 나도 몰랐는데, 그런 환상이 있다고 한다. 돌이켜보니 맞는 말인 것도 같다.

남자들의 기본적인 반응은 동정, 연민 그리고 얼마간의 분노였다. 여자들의 반응도 대동소이했는데, 예외 없이 '억울'하다는 뉘앙스가 묻어나왔다.

"공부 잘해 봤자 소용없다니까! 예쁘고, 여우 같으면 좋은 남자 만나 시집 잘 가고, 손에 물 안 묻히고 사는 거야."

"여자 팔자 뒤웅박 신세라니까. 어떤 남자 만나느냐에 따라 인생이 달라지니……."

그런 푸념을 들으면서 이런 생각이 들었다. '그럼 너희들도 그런 남자 만나면 되잖아?'

'코리안 사만다'가 그리 예쁜 얼굴은 아니다. 평균적이라고 해야 할까? 키도 중간 정도이고, 어디서나 볼 수 있는 평범한 여자 스타일이다. 사진을 봤는데, 억지로 끌어다 붙인다면 '귀엽다'라는 형용사를 간신히 붙일 수 있을 정도였다.

"그래도 150명은 너무 심한 거 아니에요? xx도 아니고……(xx가 어떤 단어인지는 각자 유추해 보시길.)

여자 입에서 'xx'라는 단어가 튀어나온 걸 보면서 우리나라의 순결 교육의 폐해를 확인할 수 있었다. 여자의 적은 역시 여자인 건가? 참고로, 전 세계 문화권에서 여자가 남자 앞에서 다른 여자를 공격할 때 가장 많이 언급하는 내용이 '여자의 행실'이다. 이런 공격은 남자들에게 효과적으로 먹혀든다는 것이 이미 연구를 통해 확인된 바 있다.

연애와 농구에는 서로 비슷한 면이 많다. 농구선수라면 몸싸움을 무서워해서는 안 된다. 밖에서 보면 단순히 몸과 몸이 부딪치고 밀고 밀리는 것 같지만 그 안에서 미묘한 '수 싸움'이 치열하게 오간다. 농구할 때 보면 상대방과 몸을 밀착하는데, 그때 수비하는 선수들은 상대 선수의 근육이 어떻게 움직이는지에 따라 어느 방향으로 턴할지 미리 예측하고 대비한다.

이런 미묘한 '감'은 많은 경기에 참가해 본 베테랑 선수들만이 아는 느낌이다. 연애도 똑같다. 경험이 많아야만, 즉 직접 몸으로 부딪쳐 봐야만 남자에 대한 '감'을 익힐 수 있다. 그리고 이런 감이 모이고 모여야만 좀 더 좋은 남자를 만날 수 있는 밑거름이 될 수 있는 것이다.

약간의 '용기'와 '연기'로 과거를 포장하라

여기까지는 아주 원론적이고, 원칙적이며, 여성 위주의 시선이라고 말할 수 있을 것이다. 그러나 현실은 그렇지 않다. 아무리 시대가 달라졌고, 남자들이 '계몽'됐다고는 하지만 동서고금을 막론하고 남자들은 여자들의 '정조'에 민감하다.

150명이란 말을 들었을 때의 그 표정을 봤어야 했다. '그런 여자 알고 있었으면 빨리 알려줬어야 할 거 아냐!'라는 표정, 그리고 바로 이어지는 이 여자와 결혼한 남자에 대한 연민과 동정. 마지막으로 '이 여자와 결혼하라면 어떻게 할래?'라고 질문했을 때 보여 준 그 '분노'의 표정까지……. 실제로 어떤 이는 말로는 표현할 수 없는 깊은 슬픔의 표정을 지었다. 결론? 결론이 있을까? 억지로 한 번 쥐어짜내 보자.

첫째, 개인적인 생각이지만 여자들의 정조나 순결에 대한 속박을 '중력'이라고 생각한다. 이 중력을 벗어날 수 있는 여자는 극히 소수일 것이다. 이건 개인적인 성향, 주변 환경, 교육 등의 복합적인 요인들이 맞물려서 만들어 낸 결과인 것 같다. 이걸 일괄적으로 적용하기란 어려울 것이다.

체질상 맞지 않는 여자가 무리하게 많은 남자를 만나 봤자 역효과만 난다. 바로 자괴감이나 우울증이 생긴다. 이는 연구 결과로도 증명된 바 있다. 2008년 다람 대학의 앰 캠벨 교수는 1,734명의 사람들에게 원 나잇 스탠드 직후의 기분에 대해 조사했는데, 남성의 80퍼센트는 만족스럽다고 말했지만 여자의 경우 만족스럽다고 답한 사람이 54퍼센트에 불과했다.

재미있는 사실은, 여자들의 경우 연령대가 높을수록 자기혐오와 죄책감, 수치스러운 감정을 느꼈다는 것이다. 이는 분명 교육의 힘일 것이다! 몸에 맞지 않는다면 안 해도 된다.

둘째, 그럼에도 불구하고 남자는 최소한의 수준 이상으로 만나야 한다. 최소한의 수준? 이 남자가 좋은지 나쁜지에 대한 판단을 어떻게 내릴 셈인가? 일단 기준이 있어야 하지 않을까? 그렇다면 우선 기준이 되는 남자를 만나야 한다. 그런 다음에야 비교가 가능하다. 첫사랑이 마지막 사랑이 된다는 건 낭만적일 수도 있겠지만 비교의 기회도 없이 맹목적으로 이게 최고의 선택이라고 자기합리화하는 것이다. 이 경우, 자신의 기회비용을 날려 버린 것일 수도 있다.

이때 가장 걸리는 것이 바로 첫 경험, 첫 접촉에 의한 '착각'이다. 몸이 주는 착각, 심리 상태가 주는 착각이다. 물론, 30대 여성들에게는 이런 경우가 드물겠지만 말이다. 어쨌든 많은 남자까지는 아니어도 비교의 대상이 될 만한 수준, 그러니까 공정한 경쟁을 위해 최소한 3명 이상의 남자를 만나 보는 게 좋다. 그래야 자신만의 '기준'에 대한 최소한의 틀을 만들 수 있으니 말이다.

좀 더 솔직하게 말해 볼까? 섹스를 포함한 연애를 많이 해야 하는 이유 중 가장 중요한 건 자신의 '취향'을 찾기 위해서다. 공부를 하고 취직 준비를 할 때 가장 많이 들었던 말이 뭔가? 도식적이지만 "네 적성에 맞는 직업을 찾아라"라는 말일 것이다. 분명 자신만의 취향이 있을 것이다. 중학교 시절 읽던 '할리퀸 로맨스'의 주인공일 수도 있고, TV드라마에 나오는 남자 주인공들일 수도 있다. 거의 다 '주입'되거나 '강요'된 획일적인 기준일 것이다. 학교나 직장을 고를 때 주변에서 했던 말들을 듣고는 '그래, 이 정도면……' 하고 생각했는데, 막상 들어가 보면 적성이 맞지 않는다고 고민하는 경우를 본 적이 있을 것이다.

자신의 '남자 취향'을 확실하게 말할 수 있는가? 직장이나 학교의 경우처럼 주변의 말, 책이나 인터넷에서 찾은 간접경험으로 선택할 경우에는 분명 '문제'가 생긴다. 원론적이지만 내가 몸으로 부딪친 경험만이 오롯이 '경험치'로 쌓이고, 이 경험치를 통해서 내 '남자 취향'을 확인할 수 있다는 것이다. 왜 직장이나 학교를 말할 때는 '경험'해 보라고 하면서, 이것보다 더 중요할 수 있는 '남자'에 대해서는 그런 말을 하지 않는 걸까?

안타까운 사실은 대부분의 여자들이 자신의 진짜 '남자 취향'이 뭔지도 모르고 떠밀리듯 결혼한다는 것이다. 한두 번의 연애 경험으로 자신의 취향을 확인하고 비교한 뒤 가장 '적합한' 남자를 찾아낼 수 있을까?

셋째, 많은 남자를 만나면서 마음에 걸리는 것 중 하나가 바로 '정조'에 대한 부담감과 여자들 스스로가 느끼는 무의식중의 죄책감이다. 많이 만나 보는 게 여자의 인생에 좋다는 건 확실하다. 여자들이 옷을 살 때를 떠올려 보라. 옷 하나 살 때도 그렇게 꼼꼼하고 철저한데, 자신의 인생을 좌우할지도 모를 '남자'를 선택하는 일에 있어서 그냥저냥 한 번 보고 고른다는 게 말이 되는가?

이때 필요한 것이 '용기'와 '연기'다. 용기를 가지고 스스로를 달래고, 일생일대의 연기를 펼쳐 보이길 바란다. 메소드 연기를 한 번 멋지게 펼쳐 보이는 것이다. 물론 이 결정은 전적으로 여자들의 몫이다.

남자들이 눈치 챌까 두렵다고? 한 가지 조언을 해 주자면, 남자 경험이 많을수록 남자 다루는 법이 능숙한 법이다. 남자들, 의외로 어리숙하다. 잠깐의 연기만 보여 주면 그걸 곧이곧대로 믿는다. 어설픈 여자일수록 서툰 발연기로 스스로의 무덤을 파는 것이다.

적당한 내숭과 단정한 옷차림, 조용조용한 말투, 단아한 미소. 그리고 예쁜 얼굴……. 이 정도면 어지간한 남자들은 다 넘어간다. 지레 겁먹지 말기 바란다. 코리안 사만다의 경우는 좀 비정상적으로 많은 경우라고 할 수 있는데, 그걸 주변에서 뭐라고 할 이유가 있을까? 인생을 어떻게 소비하느냐는 전적으로 자신의 결정이다.

분명한 건, 남자들은 여자의 과거에 대해 '꽤' 민감하게 반응한다는 점이다. 150명의 남자와 잤다는 사실을 알고도 결혼에 응할 남자가 대한민국에 몇이나 될지는 모르겠다. 어쨌든 되도록 많은 남자를 만나 보는 것이 좋다고 생각한다. 코리안 사만다의 1/10 정도 수준이면……?

남자와 사회가 내리누르는 그 '시선'을 극복할 자신이 없다면 타협하라. 약간의 '용기'와 '연기'로 자신의 과거를 포장하기 바란다. 코리안 사만다도 잘살고 있지 않은가? 사실 약간 삐걱거린다고 들었지만 그건 '과거' 때문이 아니다. 놀았던 여자들에 대한 질시와 멸시 대신 너도 놀 방도를 찾는 게 낫지 않을까? 지금이라도 네 인생을 '생산적으로' 소비하기 바란다.

지금 가장 필요한 건 '연기'다!

남자들에게는 여자를 많이 만난 게 '훈장'이지만 여자에게는 '주홍글씨'다. 모든 문화권에서 남자들은 자신이 섹스했던 여자의 숫자에 곱하기 10을 하고, 여자는 자신이 '잔' 남자의 숫자에 나누기 10을 한다고 한다. 정조에 대한 남녀 간의 다른 시각 탓이다.

아리스토파네스의 작품 〈류씨스트라테〉처럼 섹스 스트라이크를 일으키지 않는 한 남자들의 머릿속에 자리 잡은 '여성에 대한 정조 관념'은 변하지 않을 것이다. 그렇다고 해서 지금 당장 여성들을 규합해 스트라이크를 벌일 수도 없는 노릇이다. 1980년대와 비교해 보면 지금은 천지가 개벽할 정도의 사고 변화다. 느리지만 확실하게 변해 가고 있다. 그러니 좀 더 기다려야 할까? 아마도 한 세대 정도는 이 '변화'의 흐름 앞에서 전전긍긍해야 할 것이다.

여기서 말하고 싶은 건 바로 여성들의 '연기'다. 당장의 변화가 어렵다면 최소한의 자구책으로 그동안 '선배'들이 해 왔던 그 '연기'를 하기 바란다. 한때 연애 영화의 최고봉이라 여겨졌던 〈해리가 샐리를 만났을 때〉를 보면, 맥 라이언이 식당 안에서 '페이크 신음'을 내는 장면이 나온다. 오르가슴을 속일 수 있다고 생각하며, 그걸 직접 증명해 보이는 장면이다. 여자들은 타고난 연기자다. 속이려고 작정하면 뱃속 아기 아빠의 성씨도 속일 수 있는 게 여자다. 세계 인구의 10퍼센트는 생물학적인 아버지와 법적인 아버지가 다르지 않은가?

여자들이 작정하고 연기한다면 남자들은 그걸 알아낼 도리가 없다. 아니, 알아내기는커녕 눈치도 못 챌 것이다. 여자는 연기자의 본능을 타고났거니 하고 너무 신경 쓰지 말길 바란다. '코리안 사만다'가 그 증거이지 않은가? 남자가 순진했던 것도 도움이 됐겠지만 말이다.

여기서 말하고 싶은 건, 쓸데없는 죄책감을 갖지 않아도 좋다는 것이다. 물론 태어나서 지금까지 직간접적으로 순결 교육을 받았고, 남자들의 시선 때문에 몸을 사리게 되는 것도 사실이다. 그럴 필요 없다. 오르가슴을 연기할 정도의 연기력을 가진 게 여자이지 않은가? 용기를 가지고 연기에 도전하길 바란다.

죄책감, 자책감, 일종의 자괴감도 느낄 것이다. 그러나 혁명을 할 수 없다면 꼼수라도 부려야 한다. 여자의 '순결'과 '섹스'는 보수적으로 접근하는 것이 가장 안전하기 때문이다. 어떤 남자와 살게 될지 누구도 확신할 수 없는 세상이다. 그 점을 염두에 두기 바란다.

동생의 열 번째 질문

사랑하면 그 정도는 할 수 있잖아?

10

동생이랑 이야기할 때마다 '벽'에 부딪히는 순간이 있다. 숨이 턱 막힌다고 해야 할까?

올 **아니, 예전에는 나한테 하루 세 번 이상 꼬박꼬박 전화를 했는데, 이제는 하루 한 번? 내가 전화해야만 통화가 되고…… 뭐야? 사랑이 식은 거지, 그치?**

나 **바빴나 보지.**

올 **아무리 바빠도 날 사랑하는 마음이 있다면 짬을 내서라도 전화하지 않겠어? 사랑하잖아? 사랑하면 그 정도는 해야 하는 거 아냐? 사랑이 식은 거야. 날 사랑한다면 절대 그럴 수 없어.**

이럴 땐 면전에 대고 "지랄도 풍년이다"라고 말해 주고 싶은 걸 억지로 참아야 한다. 매번 이런 식이다. 그나마 다행인 건 이제 나이를 먹었다는 것이다. 나이를 먹으니, 남자들이 왜 그러는지는 몰라도 일정한 '패턴'이 있다는 건 알게 된 것 같다. 좀 깨인 여자들인 경우에는 남자들이 왜 그러는지도 안다.

그럼에도 불구하고 여자들은 자기들끼리 이 문제를 놓고 고민을 하고, 분석을 하고, '소설'을 쓴다. '소설'이 중요하다. 여자들은 '소설'을 쓴다. 그것도 원고지 1만 페이지가 넘어가는, 요즘에는 좀처럼 만나기 힘든 대하소설을 쓰고 앉아 있는 것이다. 그러고는 이

대하소설을 주위 사람들에게 꼭 보여 주려고 한다. 미친 거다. 도대체 무슨 말을 해 줘야 하는 걸까?

Dear Olivia.

이해와 오해 사이 "사랑해?"

주변 남자들에게 물어봤다. 여자들과 '이별'을 직감하는 경우가 언제인지……. 여러 의견이 나왔지만 여자들에게 흥미가 떨어지고, 흥미가 떠난 빈 자리를 '짜증'과 '분노'로 채울 때라는 의견이 많았다. 재미있는 사실은 그 '짜증'과 '분노'를 불러일으키는 단어가 "사랑해?"란 말이었다.

"날 사랑해? 사랑하긴 해?"

이 말이 나오면 이때부터 여자들이 변하기 시작하고 슬슬 '위험 신호'가 올라온다는 것이다. 아이로니컬하지 않은가? 사랑의 시작도 사랑의 끝도 '사랑'으로 시작하다니…….

"내가 뭘 그렇게 잘못했는데?", "우리 이제 헤어져!"라는 말들은 이미 상당 부분 관계가 악화됐거나 그런 징조를 보이던 시점이기에 어느 정도 각오가 돼 있다고 한다. 이들도 이미 30대니까 연애, 할 만큼 했다는 것이다. 그러나 지금도 적응이 안 되는 것 중 하나가 바로 "사랑해"에 '?'가 붙은 문장이다. 남자들의 주장은 간단하다.

"사랑하지. 사랑하니까 만나는 거 아냐? 그런데 1년 365일 사랑만 하며 살 순 없잖아? 밥 먹고 살려면 사회생활도 해야 하고, 돈도 벌어야 하는데……. 일상으로 돌아갈 때도 있는 거 아냐?

요즘 느낀 건데, 인터넷과 수많은 연애상담 덕분에 남자들도 '계몽'됐다는 것이다. 예전에는 이런 이야기를 정말 친한 친구에게나 했는데, 익명으로도 연애상담을 받아 주고 연애책, 연애상담 코너를 운영하는 인터넷 사이트가 넘쳐나면서 심지어 '픽업 아티스트'라는 새로운 직업군도 생겨나지 않았는가?

남자들이 이런 '연애'에 대한 '정보'들을 취득하는 게 쉬워졌다. 예전에는 '왜 저러지? 내가 뭘 잘못했나?' 하고 생각하던 것들도 이제는 '아 놔, 또 시작했네. 그래서 나보고 어쩌라고?' 하는 식으로 바뀌었다.

물론 속수무책으로 당하는 건 여전하지만 최소한 '어떤 이유'로 그러는지는 알게 된 것이다. 여자들이 '왜' 그러는지 알게 됐으니 그걸 피해 가면 되지 않느냐는 의견이 있지만 그걸 할 줄 아는 남자들은 '선수'들이다.

일반 남자들은 알고 있어도 응용력이 떨어진다. 말하자면, 그냥 평소 문제집을 볼 때는 알지만 막상 시험 볼 때는 제대로 답안지에 표기하지 못하는 것이다. 결정적으로, 여성들이 말하는 요구사항들을 왜 해야 하는지 이해하지 못한다.

주입식 교육의 폐해다. 파블로프의 개처럼 자극을 지속적으로 주면 반응이라도 해야 하는데, 자극을 주면 '또, 왜?' 식의 반응만 나온다. 중요한 건 남자들은 여자들이 왜 저러는지 알게 됐음에도 불구하고 그 대응책을 강구하기보다는 여자에 대한 '짜증'만 올라갔다는 사실이다. '왜 저런 쓸데없는 짓을 하는 거야?'

분명한 사실은 여자들이 말하는 그 '사랑해?'란 질문에 대해 반응을 안 하거나 이해하지 못하는 남자들이 '보통 남자'라는 것이다. 이해하고, 반응하는 남자? 선수들이다. 아닌 경우도 있겠지만 여성들이 말하는 그 '사랑'을 이해하고 받아 주는 대부분의 남자들은 선수들이다. 연애용으로는 최고지만 결혼용으로는 장담할 수 없다. 남성들 대부분은 여성의 말을 잘 알아듣지 못한다. 설사 알아들었다 해도 어떻게 반응해야 할지 모른다.

남자와 여자의 속도는 '정자' 때부터 다르다. 인간의 정자를 보면 남자가 되는 XY정자와 여자가 되는 XX정자가 있다. XY의 경우는 단거리 스프린터로 속도는 빠른 대신 지구력이 떨어지지만 XX정자의 경우는 속도는 좀 느린 대신 지구력이 강하다.

사랑도 마찬가지다. 남자의 경우는 전력질주를 한다. 그런 다음 일정 수준이 되면 페이스가 떨어진다. 반대로 여자는 완만하게 올라간다.

결정적으로 '사랑'을 보는 관점이 다르다. 여자는 사랑에 빠지면 사랑에 올인한다. 반면에 남자는 일정기간이 지나면 사랑 이외의 일로 넘어간다. 이 대목에서 여성들에게 꼭 해 주고 싶은 말이 있다.

"환상을 버려!"

연애 기간이 길어질수록 데이트 비용이 줄어드는 이유

여자들은 연애 초창기 기준점으로 남자의 사랑을 확인한다. 장담하건대, 그 남자는 다시는 그런 모습을 보이지 않을 것이다. 그때의 남자들은 기본적으로 자신이 가진 힘의 150퍼센트 이상을 쏟아 부어서 여자를 만난다. 사랑하는 사람을 얻기 위해 있는 멋, 없는 돈, 부족한 시간들을 다 끌어 모아서 여자를 만나는 것이다. 하지만 사람이 언제까지 이렇게 살 수는 없다. 그렇게 살다간 오래 살지 못하고 죽는다.

여자들은 그럴 때마다 "사랑이 식은 거야!"라는 주장을 하는데, 혹시 항상성恒常性이란 말을 들어보았는가? 간단히 말해서 신체 내외적으로 어떤 변화가 생기면 이걸 본래의 안정 범위 내로 되돌리려는 성질이다.

사랑도 마찬가지다. 사랑에 빠진 상황이 계속 이어지면 좋을 것 같은가? 아니다. 이런 상태가 계속 이어졌다가는 자칫 죽을 수도 있다. 설사 물리적으로 죽지는 않더라도 사회적으로 매장당할 것이다. 사랑하는 사람이 계속 눈에 아른거려서 일상생활이 제대로 안 굴러갈 테고, 잠자리에 누워도 잠도 오지 않을 테고, 상대방을 생각하면 밥을 먹지 않아도 될 정도가 될 것이다. 만나면 심박동 수가 갑작스럽게 늘어나고…… 그런 상황이 계속 이어지면 일상생활이 어떻게 되겠는가?

사랑이란 건 한 번 피크를 찍은 다음에는 일상으로 돌아가는 게 우리 모두를 위해 좋다. 남자는 정점을 찍은 다음 일정수준으로 자신의 에너지를 수습하고 완만하게 관계를 유지하는 방향으로 연애 노선을 수정한다. 그 사이에 여자는 남자의 '변화'를 눈치 채고, 압박하고, 혼자 소설을 쓰기 시작한다.

인정한다. 소설을 쓰고 싶다면 써라. 다만 그걸 남에게 보여 주려고 하지는 마라. 가급적 소설을 쓰지 않는 게 좋겠지만 여자들의 본능이란 걸 알기에 소설 집필까지는 이해하고 넘어가겠다. 그러나 집필한 소설을 남자친구와 주변인들에게 보여 주며 괴롭히는 건 의미 없는 짓이다.

여자들은 남자의 조그만 변화에도 민감하게 반응한다. 그건 여자들의 본능이다. 여자들은 남자들이 계속해서 자신을 위해 자원을 공급해 줄 수 있는지 그 '신의'의 유무에 지대한 관심을 갖기 때문이다. 여자가 임신을 하고, 출산을 하고, 수유와 육아를 할 때까지 꾸준히 자원을 줄 수 있는지는 생존과 관계된 문제다. 원시시대 이후로 여자들은 사랑을 자신의 생존과 연결해 생각할 수밖에 없는 사회구조에서 살아야 했다. 그렇기에 여자들은 사랑에 빠지면 남자의 태도 변화 하나하나에 의미를 부여하고 민감하게 반응하는 것이다. 이는 여자들의 본능이며 생존을 위한 당연한 선택인 것이다. 이에 대해 민감하게 반응할 필요는 없다.

본능대로 남자들을 끊임없이 확인하는 여자들의 행동, 이해한다. 그러나 그것도 초창기 어느 시점까지만 가능한 이야기다. 이후 남자들은 짜증이라는 '당연한' 반응을 보이게 된다. 여자들이 왜 그러는지 도통 이해를 할 수 없다는 것이다. 남자들은 단순하다.

물론 이제 나이도 있고, 어느 정도의 연애 경험을 가지고 있는 30대 여성들은 스스로를 제어할 수 있을 것이다. 다 떠나서 연애의 주도권을 쥐고 있다면 이런 걱정은 안 해도 될 것이다. 주도권을 쥐고 있는 동안 열심히 확인도 하고 시험문제도 제출해 보기 바란다.

그러나 한 가지는 꼭 염두에 둬야 할 것이, 그럴 때마다 남자들은 점점 여자들로부터 멀어져 간다는 것이다. 어느 날 갑작스럽게 이별이 찾아오는 것 같은가? 아니다. 이런 게 쌓이고 쌓여서 결국 이별로 이어지는 것이다.

자기 자신에게 그렇게 확신이 없는 건가? 왜 그렇게 집착을 하는 거지? 사랑을 하면 사랑만 보이는 여자들과 달리 사랑 말고 다른 것도 눈에 들어오는 남자들의 모습을 이해해 주기 바란다. 일정 기간 동안은 네 눈높이에 맞추지만 그다음부터는 내려갈 수밖에 없다.

불타오르던 연애 초창기가 지나면 어느 순간 연애 자체가 '노동'이 된다. 만날 때마다 근사한 데이트 코스 알아보랴, 데이트 비용 준비하랴, 멋진 옷 장만해 입으랴, 변덕이 심한 여자 친구의 비위 맞추기 위해 안간힘을 쓰랴, 그런 삶을 언제까지 살아야 할까? 그런 건 연애 초창기 얼마간의 '반짝임'일 뿐이다. 소위 말하는 '오픈빨'이다. 가게 문 막 열었을 때 손님들 몰려오는 오픈빨. 그걸 기준으로 남자를 평가하지 말기 바란다.

마음은 알겠는데, 사랑을 확인하는 걸 좀 자제하기 바란다. 학창시절을 떠올려 보라. 월말고사, 모의고사, 중간고사, 기말고사……. 시험이 줄줄이 있는데, 매주 쪽지시험을 친다면 짜증나고 화나지 않겠는가? 틈만 나면 '사랑해?'라고 질문 던지고, 사랑을 확인하기 위해 "사랑한다면서, 그것도 못해?"라는 멘트를 날리는 건 자제하기 바란다. 연애 초창기의 남자들은 여자를 얻기 위해 기름을 끼얹고 불속으로도 뛰어들어갈 수 있었겠지만 이후에는 그냥 널 좋아하는 평범한 남자일 뿐이다. 여자들도 알고 있는 법칙이겠지만, '밥값 반비례의 법칙'이란 게 있다.

"교제 기간이 늘어날수록 식사의 개별 단가는 줄어든다."

이걸 기억해 두기 바란다. 사랑이 있는 곳에 돈과 시간을 쓰는 것이 남자의 본질이라지만 일정 기간이 지나면 사랑은 이제 '일상'이 되는 것이다.

결혼 불패의 법칙 '드라이브 인' 전략을 배워라

연애의 고수인 A양을 만난 적이 있다. 그녀가 남자를 바라보는 관점은 단순하고 명쾌했다. 중학교 2학년 꼬맹이와 사귄다고 생각하면 된다는 것이다. 그녀도 초기에는 시행착오가 많았다고 한다. 그러나 시간이 흐르면서 남자들의 패턴이 보이기 시작했단다.

"계속 안달복달 해 봤자 나만 손해라는 걸 확인하게 됐다. 계속 그러면 그럴수록, 연애의 주도권은 남자에게 넘어간다."

그걸 깨닫고 난 후 그녀는 모든 걸 받아들일 수 있었다고 한다. '원래 남자들은 저런 족속이구나'라고 인정해 버린 것이다. 여자들은 남자의 행동 하나하나에 민감하게 반응을 하고, 미묘한 변화 하나에도 그 의미를 해석하려고 별별 짓을 다한다. 하지만 이게 별 의미가 없다는 걸 깨닫게 됐다는 것이다. 남자들은 아무 생각 없이, 무심결에 던진 말이지만 그걸 가지고 여자 혼자 고민하고 있었다는 것이다. 이후부터 그녀는 최대한 자신을 억누르기 위해 애썼다고 한다. 물론, 초기에는 그게 말처럼 쉽지가 않았단다.

A양의 말처럼 남자는 '중2 남학생'이라고 보는 게 맞다. 성욕은 늘 최고조로 올라가 있고, 화나면 가끔 문 닫고 나오지 않고 툴툴거리고, 금방 싫증내고……. 대부분의 남자들은 이런 중 2 남학생의 모습을 일정 부분 가지고 있다. 이걸 기억해야 한다. 이런 남자들의 행동을 자신의 기준으로 해석하고 고민하는 시간들은 무의미하다.

여기서 확실한 결혼 비법 하나를 말해 주지. '중2 남학생'인 남자들을 결혼식장까지 끌고 갈 수 있는 방법. 우선 전제해야 할 것이 하나 있는데, 이건 '결혼'을 인생의 최고 가치로 보고 무조건 결혼을 하겠다는 의지가 있는 경우에 한해 사용할 수 있는 방법이다.

드라이브drive + 인忍 = 드라이브인 전략

성혼율 75퍼센트다. 30대 중반 여자 4명에게 이 전략을 소개했는데, 4명 중 3명이 결혼에 성공했다. 물론 이것은 개인적인 통계다. 방법은 간단하다. 남자에게 매달리면 된다. 수동적이 아니라 능동적으로 남자에게 달라붙고, 연애가 시작되면 무조건 참는 것이다. 남자가 말도 안 되는 소리를 하거나 툴툴거리며 짜증을 내도, 동굴 속에 들어가 나오지 않아도 '어머니의 마음'으로 계속 참고 기다리는 것이다. 그렇게 6개월을 버티면 자연스럽게 결혼 이야기가 오가게 된다.

다시 말하지만 이건 결혼을 일생일대의 목표로 삼는 경우에나 쓸 수 있는 방법이다. "헌신하면, 헌식짝 된다!"라고 목소리 높이며 비싸게 굴거나 밀당을 해야 한다는 여성들도 있을 것이다. 개인적인 판단이지만 이건 연애에서나 통용되는 이야기라고 본다. 결혼은 이야기가 다르다. 한 번 입장 바꿔 생각해 보기 바란다.

♥ A 여성은 언제나 사랑을 확인하고, 남자를 힘들게 한다.

♥ B 여성은 남자를 감정적으로 편안하게 해 준다.

그럼 어떤 여자를 택할까? 정답은 그중 '예쁜 여자'다. 그러나 예쁜 여자가 아닌 경우라면 어떨까? 미모가 비슷비슷한 상황이라면 당연히 B일 것이다. 결혼은 현실이다. 연애와 다르다. 연애는 만남이지만 결혼은 생활이다. 밖에 나갈 때는 치장을 하고 가면을 쓸 수 있지만 생활하는 집에서도 불편한 외출복을 입고 가면을 쓸 수는 없을 것이다. 편한 사람을 찾게 된다는 것이다. 아무리 멍청한 남자라도 결혼을 눈앞에 두고 여자의 얼굴만 따지는 경우는 없다.

이게 싫다면 간단하다. 결혼을 포기하든가 자신의 가치를 올리면 된다. 자신의 가치, 즉 경제적·사회적 가치나 외모의 수준을 끌어올리면 남자는 자연스레 따라오게 돼 있다. 사랑을 전제로 한 연애 행위의 연장선상에서 결혼을 보지 말고 시장가격이 형성된 '투자'의 일종으로 본다면 이해가 빠를 것이다.

30대 중반의 여성은 결혼시장에서 재고상품으로도 취급 받지 못할 수도 있다. 새로운 신상품, 예컨대 20대들이 계속해서 시장에 진입하는 상황에서 30대의 경쟁력은 점점 더 떨어지는 게 냉정한 현실이다. 성능 싸움에서 밀린다면 결국은 가격으로 승부를 봐야 하는 것일까?

지금 이 순간에도 여성들의 경쟁력은 계속해서 떨어지고 있다. 결국은 '드라이브 인' 전략 카드를 만지작거리게 될 것이다. 물론, '결혼'만을 목적으로 한다는 전제 하에서 말이다.

동생의 열한 번째 질문

가장 완벽한 사랑, 불륜?

11

인종 전시장이라고 할 수 있는 미국에서 동생은 최대한 많은 남자를 만나겠다는 목표를 세웠다. 인생에 봄날이 찾아왔다고 해야 할까? 여러 '양놈'들을 만나며 즐거운 한때를 보내던 동생한테서 어느 날 다급한 전화가 걸려왔다. 플로리다 해변 에서 인생을 즐기다 말고 또 무슨 하소연을 하기 위해서였을까?

올 **오빠! 남자들은 다 왜 그래?**

나 **…… 야, 지구 반 바퀴 저편에서 오라비한테 전화를 거는 건데, 첫 마디가 '남자들은 왜 그래'냐? 이거 국제전화잖아? 통화료가 아깝지 않냐?**

올 **지금 그게 문제야? 남자들이 쓰레기 같으니까 그러는 거 아냐!**

나 **…… 남자들이 쓰레기 같은 거랑 나랑 무슨 상관관계가 있는데?**

올 **오빠도 남자잖아!**

동생의 이야기는 간단했다. 2명의 백인과 만난 다음 좀 더 다양한 인종들과 친밀한 유대 관계를 맺기 위해 플로리다에 지천으로 널려 있는 히스패닉 남자를 만났다는 것이다. 이들의 낭만적인, 일테면 주급 받으면 파티 열고, 예순이 넘어서도 일용직 웨이터 생활을 하고, 여자 임신시킨 다음 도망가고, 그 여자는 알아서 애 낳고, 그런 다음 다른 남자 만나는 삶을 보면서 가치관의 혼란을 겪다가,

그래 일단 부딪혀 보자라며 남자를 만났는데…… 너무 좋았다는 것이다. 한국 남자와 달리 막 들이대는 모습이 매력적으로 다가왔다고 한다. '쪽팔림'이란 단어 자체가 머릿속에 없는 듯 일단 들이대고, 자신을 포장하지 않는 모습에 호감을 가졌는데, 계속해서 핸드폰이 울리더라는 것이다. 알고 보니, 이 남자는 애인이 있는 몸으로 동생에게 추근거렸던 것이다. 열 받은 동생이 분노 폭발!

올 저 여자는 누구냐?

놈 내 애인이다.

올 그럼 나는 뭐냐?

놈 (당연하다는 듯) 컬러풀 프렌즈Colorful Friends!

황당해하는 동생을 뒤로 하고, 나는 그 '컬러풀 프렌즈'의 의미에 대해 고민하기 시작했다. 요즘 유행하는, '애인 같은 친구' 정도의 개념일까?

Dear Olivia.

괜찮은 남자는 유부남 아니면 게이다

이야기를 시작하기 전에 몇 가지 '전제'를 말해야겠다. 일단 알고 시작하는 게 이야기를 진행하는 데 도움이 될 것이다.

첫째, '쿨리지효과Coolidge Effect'라는 게 있다. 미국의 제30대 대통령이었던 캘빈 쿨리지Calvin Cooldge: 1923–1929 재임 부부의 일화에서 유래했다.

쿨리지 대통령 부부는 어느 주지사의 농장을 방문했다. 거기서 기르고 있는 수탉 한 마리가 여러 마리의 암컷을 거느리며 정력을 과시하는 것을 보고 감탄한 쿨리지 부인이 농장 주인에게 말했다.

"저 수탉은 참 정력이 대단하군요. 저렇게 많은 암컷들과 매일 관계를 가지면서도 전혀 지친 기색이 보이질 않는군요. 대통령 각하께도 이 이야기를 좀 해 주시겠어요?"

이 말을 전해들은 쿨리지 대통령이 농부에게 물었다.

"그럼 수탉들은 항상 같은 암탉과 하나요?"

그러자 농부가 대답했다.

"아닙니다. 항상 다른 암탉하고 합니다."

"그래요? 그럼 그 얘기를 내 아내에게 전해 주시오."

대통령은 이렇게 응수했다. 학자들은 이 일화를 빗대어 암컷이 바뀔수록 성적으로 새로운 자극을 얻는 효과를 '쿨리지 효과'라고 이름 붙였다.

–《시사상식사전》 중 발췌

정자와 난자의 비율. 그러니까 내가 앞에서 말한 '36억 대 1'의 개념을 떠올려 보기 바란다. 그 연장선상이라고 생각하면 이해가 빠를 것이다. 남자는 기본적으로 많은 여자를 만나 자신의 '씨'를 뿌리는 번식 전략을 갖고 태어났다.

이건 타고난 본성이다. 불륜을 옹호하자는 게 아니라 우리 몸이 이렇게 만들어졌다는 것이다. 인간은 본능을 극복하는 이성의 힘이 있다는 헛소리는 하지 말자. 그게 가능하다면, 나날이 발전하고 있는 심부름센터와 흥신소에 대해 뭐라고 설명할 것인가?

둘째, 일부일처제는 남자들끼리의 신사협정이다.

여자들의 가장 큰 착각 중 하나가 '일부일처제는 여자들을 위한 결혼제도'라고 생각한다는 것이다. 말도 안 되는 소리다. 일부일처제는 남자들을 위한 제도다. 모든 남자들이 균등하게 여자와 결혼할 수 있는 길을 열어 준 것이다. 덕분에 여자들의 '경쟁률'만 올라가게 됐다. 많은 진화생물학자, 진화심리학자, 문화인류학자들이 이 부분에 대해 이야기할 때 가장 많이 언급하는 경구가 하나 있다.

"과연 어떤 여성이 존 F. 케네디의 세 번째 부인 대신 어릿광대의 첫 번째 부인이 되려고 하겠습니까?"

모든 여성들이 자원을 함께 나눌 수 있는 '자매애'를 발휘한다면 일부다처제는 여성들에게 절대적으로 유리한 결혼제도다. 빌 게이츠의 부인이 한 명인 경우, 여성의 입장에서는 터무니없는 '자원의 낭비'인 셈이다.

빌 게이츠 같은 남자는 전 세계를 통틀어 아주 희귀한 인물이다. 아울러 70조 원이 넘는 엄청난 재산을 소유하고 있는 그로서는 아내가 1명이든, 2명이든, 3명이든……, 아니 100명, 1,000명이라도 상관없다! 부족함 없이 자신의 자원을 나눠줄 수 있는 것이다. 이런 희소자원을 여자들이 자매애를 가지고 나눈다면 전체 여성들의 입장에서 분명 이익이라는 것이다.

셋째, 일부일처제는 역설적이게도 '바람'과 '불륜'을 통해 유지되고 있다. 믿기지 않겠지만, 부인할 수 없는 사실이다. 그리고 이 '사실'은 특히 한국에서 확실히 증명되고 있다.

바람피우는 사람이 얼마나 될까? 2007년 〈조선일보〉와 '한국성과학연구소', '한국화이자', '리서치플러스'가 기혼 여성 1,000명을 대상으로 설문조사를 실시한 결과 응답자 중 63퍼센트가 "남편 이외의 남성과 성관계를 가질 수 있다"고 대답했다. '반반'이라는 응답도 21퍼센트에 달했다. '있을 수 없는 일'이라고 답한 비율은 16퍼센트에 그쳤다. 이제 기혼 여성들도 바람이나 불륜에 대해 '열린 사고'를 하기 시작한 것이다.

'불륜산업'이 급성장하는 이유

원래 남성과 달리 여성의 경우 바람이나 불륜에 있어서 다소 보수적이고 수동적인 부분이 없지 않아 있었다. 생물학적, 혹은 사회적 제약 때문에 말이다. 그러나 21세기의 첫 10년이 지나가는 지금의 분위기는 사뭇 다르다.

TV에서 불륜은 당연하다 못해 식상한 소재로 다뤄지고 있으며, 불륜사업은 확장일로를 걷고 있다. 불륜은 이미 우리 삶의 '일상'이 된 느낌이다. 물론, 이런 설문조사의 단서는 어디까지나 '할 수도 있다'라는 미래 시점의 불확실한 명제에 대한 접근이다. 그렇기에 실제로 바람을 피우는 사람들은 이보다 적을 것이라고 추측할 수 있을 것이다. 그렇다면, 실제로 한국 사회에서 바람을 피우는 사람은 어느 정도나 될까?

불륜이라는 행위 자체가 갖는 은밀성 때문에 정확한 통계를 내기는 어렵다. 하지만 그 단편은 확인할 수 있는데, 한 조사기관에서 20~30대 중반의 기혼 여성 1만 6,947명을 대상으로 진행한 설문조사 결과, 전체 응답자의 43.3퍼센트가 애인이 있다고 답했다. "애인이 있다면 능력 있는 여자로 대우받는다"는 것이다. 2006년 〈이코노미 21〉의 조사 자료를 보면 더 충격적이다. "한국의 불륜 인구는 총 504만 명. 성인 인구의 약 25퍼센트, 성인 4명 중 1명꼴로 바람을 피우고 있다"고 나와 있다. 단순한 추정치로 보기에는 그 수치 산출이 나름 신빙성이 보인다.

- **하루 외도 인구 = 여관 수 × 객실 수 × 투숙률 × 불륜 비율**
- **전국에 있는 러브호텔의 수**(여인숙 제외) **= 3만 개**
- **여관의 평균 객실 수는 20개, 객실의 투숙율을 80퍼센트**
- **숙박업계 종사자의 의견을 종합하면 투숙객의 70퍼센트는 불륜**
- **외도 커플이 15일 간격으로 러브호텔을 출입했다고 가정**
- **33만 6천 = 3만 × 20 × 0.8 × 0.7**

♥ **결론: 전체 외도 인구는 하루 외도 인구인 33만 6,000명의 15배, 즉 504만 명**(펜션·콘도·자가·승용차에서 하는 외도는 제외)

〈이코노미 21〉에서 내놓은 불륜인구 산출 수식이다. 러브호텔의 수는 보건복지부 공중위생팀의 자료에 근거한 것으로, 관광호텔로 등록되지 않은 일반모텔을 포함한 숙박업체 수를 기준으로 했다. 2006년 6월 30일 기준으로 전국에 3만 2,433개가 영업 중이며, 업계 관계자들의 증언에 따르면 모텔 투숙객의 70퍼센트는 불륜 커플이라는 주장에 근거해 산출한 수치라고 한다. 불륜 커플의 이용으로 모텔은 숙박보다는 시간제 대실 위주로 영업 형태가 점점 변해 가고 있고, 이를 포함한다면 실제 불륜커플은 더 늘어날지도 모른다는 주장도 제기된다.

이렇게 불륜 커플이 늘어나면서 때 아닌 호황을 누리는 것이 바로 불륜산업이다. 모텔 등 기본적인 숙박업체는 날로 팽창하는 추세이고, 심부름센터와 같은 흥신소들이 우후죽순으로 늘고 있다. 휴대전화 위치 추적 서비스와 같은 직접적인 불륜 추적 상품들은 통신업체의 주요한 수익원으로 자리 잡게 됐다. 여기에 각종 도감청 장비와 도감청을 피하기 위한 방청 장비 및 서비스업도 호황을 누리게 됐다. 말 그대로 '불륜산업'이 눈에 띄게 성장중이다.

이미 한국은 불륜이 일상이 돼버린 지 오래다. 사람들은 왜 바람을 피우는 걸까? 결정적인 이유는 이 사회가 보편혼 관습에 길들여져 있어서일 것이다. 그리고 이 보편혼은 일부일처제를 기반으로 작동한다는 것이다. 누군가의 농담 섞인 주장처럼 일부일처제는 '마누라를 한 명만 두고 애인을 조금만 두는 서양의 결혼방식'이라고 답하면 정답에 가까울 것이다. 사람이라면 어느 누구와도 관계를 맺을 수 있는 자유를 가지고 태어난다. 그것을 최초로 구속하는 법적 장치가 바로 결혼이다. 문제는 이 결혼이라는 제도가 현대인에게 상당한 '착각'을 갖게 해 주었다는 점이다.

서로 사랑해서 연애하고, 결혼하고, 행복해진다. 사랑의 결론을 결혼으로 상정한 만남이 이어지고, 너무도 당연하게 사랑이 전제가 된 결혼을 말한다. 오늘날 결혼의 위기에 대해 이야기하는 많은 이들이 '애정 없는 결혼생활'을 지적한다. 그러면서 사랑스런 예전의 가정으로 회귀해야 한다고 주장한다. 한마디로 귀신 씻나락 까먹는 소리라고 생각한다.

모계사회부터 시작해 부계사회로 바뀌고 오늘에 이르기까지 5만여 년의 인류 역사에서 애정이 혼인을 거쳐 가정으로 만들어지는 등식이 성립된 것은 150년 정도밖에 안 된다. 이런 등식 자체가 상당 부분 문제가 있다는 것이 최근 증명되고 있다. 영국에서 일어난 산업혁명으로 임금 노동자가 양산되면서 자유연애의 개념이 퍼져 나갔고, 프랑스 대혁명 이후 근대사회가 만들어지면서 결혼과 이혼이 제도권 내에서 자유롭게 인정되고 난 뒤에야 애정이 결혼으로 발전하는 오늘날의 결혼방식이 비로소 자리매김했다. 그 이전에는? 결혼이란 제도는 가문과 가문의 결합이자 재산을 증식하고, 증식한 재산을 후대로 물려주는 주요한 '장치'이자 비즈니스였다. 그런 터라 여러 문화권에서 남녀간의 애정이 결혼으로 이어지는 것을 금기시했다.

이러던 것이 근대를 거치면서 애정과 결혼을 등치시키는 자유연애결혼이 나오게 됐다. 문제는 인간이란 동물이 항상성, 즉 원래의 상태로 돌아가려는 특성을 가지고 있다는 것이다.

남녀 관계가 깊어지면, 인간의 감정을 다스리는 뇌의 변연계에서 세로토닌이 분비된다. 신경호르몬 조절 역할을 하는 세로토닌이 이상 분비되면서 심장이 빨리 뛰고, 손과 목소리까지 떨리게 된다. 이 수준에 이르면 이성적 판단력은 흐려지고 눈앞에 있는 상대방만 바라보게 된다. 사랑에 빠진 것이다. 이 기간은 짧으면 3개월, 길면 3년 정도 유지된다. 그 사이에 우리는 이 불확실한 호르몬 분비를 전제로 결혼을 생각하게 되는 것이다.

사랑의 완성은 결혼?

태생적으로 일부일처제 결혼은 '불안'할 수밖에 없다. 생물학적으로 보자면 인간의 '바람'은 필연이라는 생각이 든다. 인간은 자신의 유전자를 후대에 남기는 일에 병적인 집착을 보인다. 아니, 인간만이 아니라 어떤 의미에서는 모든 생명이 그러할 것이다.

여기서 남성과 여성의 유전자 전파 전략이 달라진다. 여성은 평생 400개 전후의 난자밖에 생산할 수 없다. 게다가 교체도 되지 않는다. 그러나 남성은 시간당 수백만 마리의 정자를 생산해 낼 수 있다. 두 이성간의 성 전략이 다를 수밖에 없는 상황인 것이다. 즉,

남성은 한 명이라도 더 많은 여성에게 자기 씨를 뿌리는 것을 성 전략으로 삼았고, 여성들은 고르고 골라서 가장 우월한 유전자를 지닌 남성의 씨를 받아 자식을 낳는 방식의 성 전략을 발전시켜 온 것이다. 이는 두 이성간의 '바람'을 피우는 시기만 봐도 알 수 있다.

미국의 진화심리학자인 데이비드 버스는 〈외도와 나이의 연관성〉이라는 연구 결과를 내놨는데, 상당히 흥미로운 결과가 여기에 담겨 있다.

♥ **남성 외도율**

- 16~35세 : 20퍼센트
- 36~40세 : 26퍼센트
- 41~45세 : 30퍼센트
- 46~50세 : 35퍼센트

♥ **여성 외도율**

- 18~20세 : 6퍼센트
- 26~30세 : 14퍼센트
- 31~40세 : 17퍼센트

남성은 나이에 비례해 꾸준히 증가하다가 말년이 되어 생식능력이 떨어지면 그제야 감소하기 시작한다고 한다. 한마디로 남성은 여자라면 일단 섹스를 하고 싶어 한다. 이는 다른 통계에서도 잘 나타난다. 한국성의학 연구소에서 기혼 남성 2,400명을 대상으로 조사한 결과 88.5퍼센트가 배우자 이외의 여성과 섹스하고 싶은 욕망을 가지고 있는 것으로 나타났다. 그리고 이들 중 72.8퍼센트가 이 욕망을 실제 행동으로 연결한 적이 있다는 통계가 있다.

여성의 경우에도 유의미한 통계 결과가 하나 있는데, 영국 전역에 걸쳐 3,679명의 여성을 대상으로 벌인 연구조사가 그것이다. 조사의 내용은 〈월경 주기와 배우자, 내연의 남자와의 섹스 시기 분석〉이었다. 즉, 여성의 월경 주기를 기준으로 봤을 때 배우자와 내연남과 어느 시기에 섹스를 하느냐를 분석한 것이다.

연구 결과는 꽤 놀라웠다. 즉, 여성들은 내연남과 성관계를 맺을 때 월경 주기 가운데 배란 가능성이 가장 높은 때에 혼외정사를 한다는 결과가 나온 것이다. 이는 앞에 나와 있는 연령대별 여성 외도율 통계와도 일맥상통하는 부분이 있다. 생식기능이 거의 한계에 이른 시점에 바람을 피우는 것과 동일한 맥락으로 해석할 수 있는 것이다. 즉, 여성은 무의식적으로 다른 우수한 유전자를 받아들이고 싶어 한다는 것이다.

여기까지 장황하게 불륜의 원인에 대한 역사적이며 과학적인 이야기를 했다. 이걸 너희들의 일상에 그대로 대입해 보자. 한 해 두 해 나이를 먹어감에 따라 연애상담에서 '불륜'에 대한 고민 상담이 많아지는 이유가 뭘까? 시장법칙 때문이다. 미국 시트콤 대사를 인용해 보겠다.

"괜찮은 남자는 다 유부남 아니면 게이다."

연령대가 올라갈수록 괜찮은 남자의 숫자는 줄어드는 것이다. 그럴 수밖에 없는 것이, 누가 먼저 '찜'했기 때문이다. 그럼 이걸 어떻게 해야 할까?

"우리 그냥 사랑할게요."

그렇다. 사랑만 하면 된다. 그러면 아무 문제가 없다. 가끔 사람들이 착각하는 게 있는데, '사랑의 완성'이 결혼인 줄 안다. 사랑의 완성은 절대로 결혼이 아니다. 결혼은 사랑이라는 감정을 이용해 남녀를 화학적으로 결합시킨다. 그런 다음 이 화학적 결합이 자연 소멸하기 전에 강제로 방부 처리해 버린다. 이 과정이 바로 결혼인 것이다. 사랑은 그대로 두면 자연스럽게 소멸하게 돼 있다. 그 이전에 자식을 낳고 가정을 유지시키기 위해 '결혼'이란 제도를 만든 것이다. 여자들이 그렇게 좋아하는 그 사랑이란 건 그저 하룻밤의 꿈에 지나지 않는다.

그렇다면 지금 너희들이 유부남과의 관계에 빠지는 이유가 뭘까? 또 아무리 남자가 부족해도 미래가 불투명한 유부남을 원하는 이유는? 간단하다. '유부남이란 걸 빼면, 가장 완벽한 남자.' 유부남과의 사랑은 완벽할 수밖에 없다. 완벽한 남자와의 완벽한 사랑이다. 하나씩 살펴보자.

첫째, 유부남은 원죄가 있다. 미래를 약속할 수 없기 때문에 상대에게 충실할 수밖에 없다. 여자가 원하는 건 뭐든지 다 해 주겠다는 각오와 의지가 있다.

둘째, 능력의 차이다. 보통의 남자친구가 분식집에서 밥을 먹는다면 불륜을 꿈꾸는 유부남들은 레스토랑에서 스테이크를 자르게 해 준다. 경제력이 된다는 얘기다. 설령 그렇지 않더라도 아내 아닌 다른 여자에게 접근하기 위해 꽤 무리한 출혈을 감수한다.

셋째, 보증이 된 셈이다. 결혼한 상태라는 건 바꿔 말하면, 어떤 여자에게 1차로 '검증'을 받았다는 의미가 된다. 사회경제적, 인성적으로 크게 무리가 없다는 게 증명됐다는 의미다. 연애를 하다 보면 세상에는 별별 희한한 남자가 많다는 걸 알 수 있다. 여성이 30대 중반이 된 상태에서 결혼을 고민한다면 그 예비후보가 되는 남자들 중 대부분이 여자들의 '기준'에서 최소한 1~2가지 이상 빠져 있는 존재들이다. 이런 남자들만 보다가 유부남을 보면 눈높이가 달라진다.

넷째, 단련이 잘 돼 있다. 아내에게 수많은 코치를 받은 남자가 바로 유부남이다. 여자를 대하는 화법부터 시작해서, 섹스의 기술에 이르기까지 모든 면에서 그렇다. 여기에 아내의 패션센스와 코디까지 더해지면서 그야말로 '완벽한(?)' 남자가 된다. 매니저가 붙은 남자가 등장한 셈이다.

다섯째, 로미오와 줄리엣 효과Romeo & Juliet Effect다. 누군가가 말리면 더 하고 싶어지는 게 인간의 본성이다. 즉, 인간이란 금단의 열매에 끌릴 수밖에 없는 존재인 것이다. 그렇더라도 서로 탐색해 가며 연애하고, 공통 관심사나 자신들의 미래를 차분히 설계해 가야 한다. 또한 이런 중간 과정을 깡그리 무시하고 이 '사랑'을 위협하는 외부세력들과 맞서 싸워야 한다. 덕분에 이들은 서로 맞는지 맞지 않는지에 대해서는 신경을 쓰지 않고, 우선은 공통의 적인 외부 세력과 싸우기 위해 단단한 '강철대오'를 형성하게 된다. 그게 사랑인 줄 아는 것이다.

여섯째, 아쉬움이다. 사랑은 공기 중에 내버려두면 산화해 버린다. 그러나 불륜의 경우는 만남의 제약과 아쉬움으로 가득 차 있다. 따라서 사랑이 식을 틈이 없다. 사랑하기도 바쁜데, 다른 뭔가가 끼어들 틈이 있겠는가?

아쉬움과 애달픔으로 가득 차 있는 불륜은 어쩌면 '진정한 사랑'일지도 모른다. 왜냐고? 우리들이 관념적으로 말하는 사랑이란 건 언제나 영원불멸한 사랑이 아닌가? 서로에 대한 한없는 그리움, 애달픔으로 가득 찬 사랑이 바로 불륜이다. 가짜 사랑, 거짓된 사랑이라고 하지만, 우리가 관념상으로 알고 있는 사랑에 가장 근접한 사랑이 바로 불륜이다.

불륜남의 99.9퍼센트는 가정을 깰 생각이 없다

가끔은 유부남이 정말 임자가 있다는 걸 제외하고는 가장 완벽한 남자처럼 보인다. 또한 미래가 불투명하다는 사실을 제외하고는 가장 완벽한 사랑이 불륜인 것 같기도 하다. 그래서인지 요즘 젊은 여자들도 불륜에 대한 접근법이 많이 달라진 듯하다. 그녀들은 이런 대사를 날린다.

"처음엔 그냥 남자 공부한다고 생각하고 응했어요. 그러다가

'어어…… ' 하는 사이에 그 남자에게 푹 빠져 버렸어요."

"장난인 줄 알았어요. 딱히 사귀는 남자도 없고, 재미삼아 시작했는데……. 모르겠어요. 이제까지 만난 남자랑 너무 달라요. 진짜 제 인연인 것 같아요. 사랑이에요."

이걸 어떻게 설명해야 할까? 나는 이 책을 읽게 될 미혼여성들이 보통의 남자들의 경우 이 '불륜'에 대해 도대체 어떻게 생각하는지 알고 시작하는지 궁금해진다.

분명한 사실을 하나 말해야겠다. 남자들은 대부분 절대로 가정을 깰 생각이 없다. 그걸 전제로 하고 만나길 바란다. 남자들에게 있어서 바람은 결혼생활의 '비타민 보충제'다. 비타민은 밥으로는 보충이 안 되는 영양소다. 남자란 존재가 평생 한 여자만 바라보고 사는 건 거의 불가능하다. 그렇기에 역설적으로 자신의 결혼생활을 유지하기 위해 오히려 바람을 피우는 경우까지 있을 정도다. 아내를 버리고 불륜 상대자에게 오는 경우도 더러 있지만 이 통계도 잘 찾아보면 '허수'가 존재한다. 즉, 남편의 불륜 사실을 알게 된 아내가 헤어지자고 요구한 경우일 가능성이 높다. 자발적으로 불륜 상대자에게 찾아오는 경우는 매우 적다. 남자는 절대 가정을 깨고 싶어 하지 않는다. 불륜에서 가장 중요한 덕목이 바로 '들키지 않는다'다. 들키지 않는다면 언제까지나 그 관계를 유지할 수 있다는 것이다.

왜 그런 걸까? 남자는 아내와 애인 둘 다 가지고 싶어 한다. 또한 남자는 기본적으로 귀찮아지는 걸 원하지 않는다. 이혼이라는 행위 자체의 귀찮음도 있지만 일상생활의 자질구레한 '귀찮음'을 해결해 주는 아내가 절대적으로 필요한 것이다. 여기에 더해 '판타지'도 중요하다. 일상의 권태에서 탈출시켜 줄 애인도 필요한 것이다. 바로 '꿈과 현실의 적절한 균형점'인 것이다. 그래서 남자들은 언제나 '들키지 않는 불륜'을 꿈꾸는 것이다.

이 시점에 우리가 눈여겨봐야 할 점이 바로 배우자의 '불륜'을 알게 된 후의 행동이다. 불륜 후 선택지를 보면 용서 아니면 처벌이다. 용서라 하면 불륜을 저지른 배우자를 그대로 받아들이는 것이고, 처벌이라 하면 이혼을 의미한다.

요즘은 이를 참고, 결혼생활을 유지하려는 경향이 있지만 여자들이 오히려 이를 거부한다. 그러나 여성의 경우는 다른 남편이 다른 여성과 섹스를 했더라도 다른 부분에서 문제 삼는다. 즉, 그 여자를 사랑하느냐의 문제다. 여기서 다시 나오는 논리가 '몸은 줬지만 마음은 안줬다'나 '지나가는 바람' 등의 논리다. 여성에게 있어서 중요한 건 남성의 능력과 앞으로 가져다줄 자원인 것이다. 진화생물학적으로 여성에게 남성의 '신의'가 중요한 건 남성이 지속적으로 자원을 주느냐 주지 않느냐이다.

분명한 사실은 이 사회에 불륜 커플은 많고 꾸준히 증가 추세라는 점이다. 불륜을 주제로 모 방송프로그램에 출연한 적이 있는데, 이 자리에서 앞에서 언급한 '대한민국 불륜인구 504만 명'이라는 통계를 언급했다. 그러자 현장 패널이 코웃음을 쳤다.

"504만 명이요? 아닙니다. 그것보다 훨씬 더 많을 겁니다. 최소한 700만은 되지 않을까요?"

이 현장 패널은 미사리의 어느 카페촌에서 일하는 사람이었다. 객관적인 증거를 제시하기는 어렵지만 우리 사회에서 불륜이 만연해 있다는 분위기는 확인할 수 있을 것이다.

여기에서 불륜에 대한 가치 판단에 대해 논하고 싶지는 않다. 다만 불륜을 고민하고 있다면 최소한 '덜' 상처받는 방향으로, 혹은 좀 더 인생에 도움이 되는 방향으로 고민해 보는 것이 좋지 않을까 하는 생각에서다. 관계를 계속 유지하든 끝내든 말이다. 그러기 위해 다음의 불륜 유형에 대한 이야기를 잘 살펴보기 바란다. 불륜에 임하는 남자들의 유형을 세 분류로 나눈 것인데, 한번 확인해 보기 바란다.

현실형

여자와의 만남에서 확실하게 '선'을 그어 놓는다. "난 내 아내와 가정을 지킬 것이다. 사랑이란 감정 이전에 애들 엄마다. 그게 싫으면 만나지 말자"라고 확실히 선을 긋고, 그걸 넘기면 제재를 가한다는 것이다. 이런 방법이 먹힐까? 여자가 도망가거나 관계를 끊을 것이라 생각하는데, 의외로 많은 여자들이 이런 책임 있는 자세에 반한다.

여자들을 처음 꾈 때 보통은 "마누라랑 안 맞는다. 마누라 때문에 결혼생활이 힘들다", "각방 쓴 지 오래됐다. 이혼하고 싶다" 따위 멘트를 날리는 남자들이 의외로 많다. 고색창연하지만 이게 여자들에게 은근히 잘 먹히기 때문이다. 모성본능을 자극하고 괜히 눈물샘을 압박한다. 애초 설정을 이렇게 잡고 접근하면 초기 얼마간 관계를 유지할 수 있지만 문제는 그 다음이다.

"그럼 헤어져. 나랑 살면 되잖아?"라고 여자가 요구하면 수습하기 어려워진다. 실제로 이런 상황에 맞닥뜨리게 되면 머리 회전이 빠른 남자들은 "널 만나기 전에 이 세상에 뿌려 놓은 인연들을 정리하기 위해서는 시간이 필요해" 따위 달착지근한 멘트로 시간을 번다.

그러고는 서서히 지루한 관계로 이어진다. 여기까지는 일반적인 평범한 유부남들의 모습이다. 여기서 한 발 더 나아간 이들이 바로 '현실형'에 속하는 남자들이다. 이들은 여자에게 당당하게 말한다. 가정을 지키겠다고…….

이해가 안 가겠지만 이 경우 여자들의 호감을 더 산다. 여자들이 더 따르고, 결정적으로 자기 한계를 분명히 알게 된다. 여자를 위해서도 이런 분명한 태도가 좋다.

"너도 사랑하고, 내 마누라도 사랑해! 둘 중 한 사람을 고르라면 누굴 선택해야 할지 모르겠어. 그런데 우리 마누라한테는 애가 있거든. 난 애도 사랑해. 2대 1이잖아? 그래서 난 가정을 지켜야 해."

이렇게 분명히 선을 긋고 관계를 명확히 하고 덤벼드는 남자들은 의외로 적다. 바람피우는 남자들은 대부분 우유부단해서 결정을 못 내리겠다는 표정을 짓지만, 실은 아내도 필요하고 애인도 필요해서 이 관계를 계속 끌고가기 위해 '연기'하는 것이다. 그래도 유부남과 만나겠다면 차라리 이런 현실형을 권하고 싶다.

햄릿형

주로 날리는 멘트가 "조금만 더 빨리 내 앞에 나타나지 그랬어", "너 만나기 전 이어졌던 인연들을 정리할 시간을 줘" 식으로 말하면서 햄릿처럼 자신을 비극의 주인공으로 만든다. 주로 '먹물'들이 이런 반응을 보이는데, 알고 보면 양아치들보다 더 나쁜 놈들이다. 결국은 가정으로 돌아갈 놈이 질질 끌며 여자에게 여지를 남기는 것이다. 그 바람에 애인도 힘들고, 자기도 힘들고, 아내도 힘들어지는 것이다. 이런 경우 아내에게 걸릴 확률도 높다. 만약 걸리면 결국은 아내에게 돌아갈 수밖에 없다. 이혼이 귀찮고 '일상의 자질구레함을 처리해 줄' 아내가 필요하기 때문이다.

대부분의 남자들은 기본적으로 이렇게 시간을 끈다. 그리고 이 시간 동안 적당히 자신의 욕심을 채운다. 무의식적으로 고뇌하거나, 혹은 고뇌하는 척 연기를 한다. 그리고 상대 여자들에게 여지를 남긴다.

자신을 위해서도, 애인을 위해서도 이런 햄릿형들은 빨리 정신을 차려야 한다. 여자에게 여지를 흘리면서, 자기는 나쁜 놈이 되지 않겠다는 가장 나쁜 유형의 남자들이다.

양아치형

여자에게 계속 희망을 주면서, 관계를 끝까지 유지하려는 유형이다. '여지'를 주는 것과 '희망'을 품게 하는 건 다르다. 이 경우에 여자들이 받는 피해는 상당히 크다.

"마누라랑 각방 써", "같이 안 잔 지 3년이 넘어가", "우리 애가 학교 갈 때까지만……" 이러면서 질질 상황을 끈다. 그러다가 "우리 이 순간에만 충실하자"라는 멘트를 날리기도 한다.

햄릿형과 다른 점은 변명과 거짓말이 빤히 보인다는 것이다. 초기에는 잘 안 보이지만 몇 달 지나면 다 보인다. 여기서 발전하면 햄릿형이 되기도 하지만 기본적으로 고민을 하거나 나쁜 놈이 되지 않겠다고 발버둥을 치지는 않는다. 이런 양아치형은 자기가 동할 때만 여자를 찾는 '섹스 파트너' 개념으로 여자를 대한다. 내 여동생이 유부남을 만나겠다면 난 진지하게 다음과 같이 충고해 주고 싶다.

좀 색다른 연애, 스릴 있는 연애를 하고 싶다면 그것도 괜찮다. 여자들이 생각하는 이상형에 가장 근접한 남자가 아마도 유부남일 것이다. 결혼할 수 없다는 걸 빼놓고 본다면 꽤 괜찮은 연애일 수도 있다. 같이 있는 시간을 참 알뜰하게 사용하게 되고, 색다른 경험이 될 것이다. 다만, 주의할 점은 첫째, 절대 걸리지 않도록 주의해야 한다는 것이다. 바람의 절대 원칙이다. 이것을 자기뿐만 아니라 상대방에게도 주지시켜야 한다. 나중에 헤어지는 한이 있더라도 '험한 꼴' 안 보려면 서로 조심해야 한다.

둘째, 미래를 기대해선 안 된다. 남자들은 애인의 '몸'도 필요하고, 마누라의 '잔소리'도 필요하다. 둘 다 손에 쥐고 싶어 하기 때문이다. 그 남자의 마누라 자리가 그렇게 좋은 자리도 아닌데, 마누라 자리를 차지하려고 아등바등하는 것도 웃기지 않는가. 더 웃긴 건 그 자리를 교체하고픈 생각이 남자에게는 없다는 사실이다. 진짜 웃긴 건 이혼하고, 그 여자에게 돌아가는 남자들이 간혹 있는데, 대부분 이 관계를 들켜서 어쩔 수 없이 이혼하고 가는 것이다. 그렇게 가면 잘 살아야 하지 않는가? 근데, 여자들 마음 한구석에 어떤 불안감이 항상 자리 잡고 있다. '한 번 했는데, 두 번 안하겠느냐'는 거다. 실제로 그 불안감이 현실화되는 경우도 많다. 자기 인생이니까 각자 알아서 사는 건데, 기혼-기혼 커플이라면 불륜을 찬성하지만 기혼-미혼의 경우는 비추다. 한쪽이 감내해야 할 손해가 너무 크기 때문이다."

올리비아와 친구들에게

사랑한다고 말하고 싶으면, 사랑만 하라

연애와 결혼이 별개라는 논리가 성립된다면 결혼과 섹스가 별개라는 논리도 성립된다. 그렇다면 불륜을 어떻게 바라봐야 할까? 상수常數들을 우선 따져 봤다. 결혼이 '사랑 대 사랑의 결합'으로 가는 경우는 거의 없다. 설사 사랑 대 사랑으로 결합됐다고 하더라도 마찬가지다. 그 사랑은 언젠가 식는다. 그럼에도 불구하고 사람은 '사랑'을 찾는다.

문제는 모든 사랑에서 절정은 딱 한 번뿐이기에 식어 버린 배우자와의 사랑 대신 필연적으로 '다른 사람'을 찾을 수밖에 없다는 논리가 전개된다는 점이다. 또한 이 사회에서 불륜은 엄연한 불법이라는 사실도 간과할 수 없다. 여기에 더해 사회적 합의와 교육의 힘, 주변의 시선이 부담스러워서 이런 '감정' 자체를 억누르게 된다.

이 나이가 되고 나서야 깨달은 게 하나 있는데, 우리가 알고 있는 그 '도덕'이란 게 기득권층이 이 사회를 좀 더 쉽고 효율적으로 컨트롤하기 위해 만든 이데올로기라는 점이다. 재미난 건, 정작 그 기득권층은 자신들이 만든 '도덕'을 무시한다는 것이다.

아니, 이런 거창한 논리까지 갈 필요도 없다. 자기 몸이지 않은가? 누구에게나 선택권이 있지 않은가? 그리고 서른이 넘었다면 기본적으로 사리분별을 할 수 있고 일정 수준 이상의 판단력이 있지 않은가? 그러므로 자기가 선택하는 것이다. 그걸 가지고 왈가왈부할 문제가 아니라고 본다.

물론, 변수도 있다. 불륜이란 건 어쩌면 극한 상황에서 벌어지는 가짜 사랑일 수도 있다. 아니, 가짜 사랑이다. 주변의 장애물이 없다면 둘 다 멀뚱멀뚱 쳐다만 보다 끝날 수도 있다. 여기까지 생각이 미쳤다면 충분한 분별력이 있다고 볼 수 있다. 아마 올바른 판단을 내릴 수 있을 것이다. 사리 분별할 수 있는 성인이 아닌가! 다만, 두 가지 충고를 해야겠다.

첫째, 합리화하지 말기 바란다.

"내 사랑은 특별해!" 따위의 말을 늘어놓지 말라는 것이다. '사랑'이란 단어와 '남자'란 단어가 결합하게 되면 여자들은 그 화학작용에 의해 판단력이 흐려진다. 물론 남자들도 마찬가지다. 그리고 자신의 사랑을 미화하고 상황에 취하게 된다. 이런 짓은 부디 하지 말기 바란다. 보통의 경우라면 모를까, 불륜의 경우 합리화에 빠져드는 순간 나락으로 떨어질 수 있다.

둘째, 욕심이 끼어들면 지옥이다. 지금 사랑을 하고 있다고 믿는다면, 아니 사랑한다고 말하고 싶다면 '사랑'만 해라. 쓸데없는 욕심을 부리지 말고, 그저 그 상황만을 즐기는 것이 현명하다. 이건 불륜만이 아니라 결혼을 배제한 모든 연애에 해당되는 이야기다. 사랑을 할 거면 깔끔하게 사랑만 하기 바란다.

이 두 가지 충고만 기억한다면 불륜이라 불리는 금단의 사랑을 하더라도 최소한 인생을 망치지는 않을 것이다.

동생의 열두 번째 질문

"나랑 결혼할래?" 왜 이 말을 안해?

12

여자들은 "나랑 결혼할래?"라는 말을 꺼내지 않는 남자들이 이해가 안 간다. 지금 이 나이에 연애한다는 건 당연히 결혼을 목적으로 한 만남인데, 간볼 거 다 보고, 맛볼 거 다 본 다음 미적거리면서 결혼을 뒤로 미룬다. '일각이 여삼추'라고, 남자의 입만 바라봐야 하는 마음. 답답하다. 연애는 여자가 주도하는 게임이지만 결혼은 남자가 결정한다. 여자들도 이것을 잘 안다.

올 남자들, 너무 이기적인 거 아냐?

나 뭐가 이기적이라는 거야?

올 남자들은 여유가 있을지 몰라도 여자들은 시간이 없단 말이야!

나 그래서?

올 기왕 결혼할 거라면 빨리 결정 내려야 하는 거 아니냐고! 기다리는 사람 생각도 해 줘야지.

나 왜?

올 그걸 말이라고 해?

나 생각해 봐. 여자들한테도 결혼이라는 게 인생이 걸린 문제잖아? 남자도 마찬가지야. 여자는 되도록 빨리 결혼하는 게 좋다면 남자는 최대한 결혼을 늦추는 게 좋은 거야. 남자들도 이것저것 고민할 게 많다고.

올 생각할 게 뭐 있어! 남자는 결혼해야 돈도 모으고 기반을 잡

을 수 있는 거 아냐? 집안이 안정돼야만 사회생활도 잘하는 거잖아.

나 **그건 네 생각이고……. 요즘 남자들 펀드 들고, 재테크 잘하거든? 너희들한테만 결혼이 안정적이고 희망찬 거지, 남자들한테는 '지옥 문'을 여는 건지도 몰라.**

올 **결혼이 지옥이라는 거야?**

나 **휴……, 니들이 생각하는 결혼이랑 남자들이 생각하는 결혼이 다르다는 거야.**

여자들은 결혼이란 단어를 떠올리면 '안정, 평온함, 안전, 즐거운 미래, 아름다운 가정, 행복한 삶' 따위를 떠올린다. 아직까지 대한민국에서는 여자 혼자 사는 것에 많은 제약과 불편한 시선들이 있기 때문이다. 반면 남자들에게 결혼이란 단어를 말하면 '의무, 끝, 힘든 삶, 가장의 무게, 은행 대출, 먹여 살릴 가족, 삶에 찌든 40대 가장' 등을 떠올린다. 너무 비관적이라고?

정상적인 삶을 살아가는 30대 남성이라고 가정해 보자. 회사에서 보는 미래의 자신, 즉 직장선배, 대리, 과장, 차장, 부장들의 삶, 그리고 아버지의 모습을 떠올리게 된다. 그들의 삶 속 어디에서 과연 제대로 된 모습을 발견할 수 있을까? 언제나 '찌들어' 있는 모습만 보게 된다. 온통 들리는 소리란 게 전셋값 걱정이요, 애들 학원비 걱정이다. 뼈 빠지게 일만 하다가 끝나는 인생이 아닌가? 왜 살아야 하는지를 모르는 것이다.

물론 연애나 섹스는 좋다. 그러나 '가정'이라는 이름의 현실이 가져다주는 '혜택'을 이들은 직접적으로 경험해 보지 못했다. 아이들의 웃음이나 아내란 이름이 주는 위로를 직접 마주하지는 않지 않는가? 오로지 선배들이 말하는 하소연밖에 없다. 나이가 들어 등 떠밀리듯 결혼을 하는 게 과연 옳은 건가 고민스러울 수밖에 없다.

난 가급적이면 결혼을 늦게 하든가, 하지 말라고 권하고 싶다. 일정 수준의 수입이 없다면 결혼은 지옥이 될 확률이 더 높기 때문이다. 이런 남자들에게 결혼을 압박하는 너희들은 그들 눈에 어떻게 비칠까?

Dear Olivia.

남자가 결혼을 결심하는 7가지 이유

여자들이 만든 최고의 발명품이 뭘까? 난 주저 없이 '아버지'라는 단어라고 말하겠다. 200여 종의 영장류를 포함해 대부분의 포유류들, 그 밖의 생물들을 보면 수컷의 부성 투자는 기껏해야 2~7초 사이이다. 그냥 '싸고' 도망가는 것이다. 이후 당연하다는 듯 암컷이 새끼를 낳고 키운다.

그러나 사람은 다르다. 여자 혼자서 아이를 키울 수는 없다. 임신, 출산, 육아에서 누군가의 도움이 반드시 필요하다. 그래서 생각해 낸 게 남자를 자기 옆에 붙들어 둬야 한다는 단순한 발상이었고, 이 과정에서 나온 개념이 '아버지'라는 최악의(!?) 족쇄다.

"'네' 자식이다. '네'가 도와줘야 '네' 자식을 키울 수 있어!"

이것이 요즘 여자들이 갖고 있는 아버지의 개념이다. 동물 중에 '아버지'라는 개념이 이렇게 확고한 종이 또 있을까? 모성애라면 몰라도 단언하건대 부성애는 없다. 내가 이 말을 하는 이유는 이 '아버지'란 개념이 후천적으로 교육된 것이라는 걸 전달하기 위해서다. 남자들은 다른 동물들처럼 '싸고 튀는' 사이클이 몸에 그대로 각인돼 있다. 역사 이전부터 우리의 남자 조상들은 되도록 많은 여자들과 섹스를 하고 도망가는 번식 전략을 택했다. 그러다가 차츰 그런 형태의 번식 전략이 더 이상 통하지 않는다는 걸 깨닫게 되고 울며 겨자 먹기 식으로 할 수 없이 결혼이라는 제도 안으로 들어가게 된 것이다.

그 유전자가 아직도 남자들 몸에 남아 있다. 여자들은 안정적인 자원을 확보하기 위해 끊임없이 남자를 붙잡아 두려고 하고, 남자들은 이걸 피해서 도망가고 싶어 하는 것이다. 이게 남녀 관계의 본질이라고 할 수 있다. 결혼 후에도 남자가 바람을 피우지 않도록 감시하고 가장의 의무를 끊임없이 강조하는 건 혹시 모를 자원의 단절을 미리 예방하기 위한 선제적 조치다.

그럼 이 본능만 제대로 컨트롤하면 결혼할 수 있는 것일까? 아니 남자에게는, 그리고 특히나 한국 남자에게는 몇 가지 '족쇄'가 있다. 이걸 극복해야만 결혼까지 '진격'할 수 있다.

첫째, '집안'이다. 남자는 집안이 반대하는 결혼을 절대 할 수 없다. 일본이나 미국이라면 모르겠지만 한국에서는 집안의 도움 없이 신혼집을 구하는 것이 거의 불가능하기 때문이다. 따라서 남자는 결혼할 때 필연적으로 가족이 '동의'할 만한 여자를 찾아야 한다. 아니면 결혼하기 힘들다는 걸 본인이 가장 잘 안다.

둘째, '남자의 의무'다. 이것은 그야말로 상상을 초월한다. 서구사회를 보면 알 수 있는데, 동양보다 여권의식이 높은 게 서구사회다. 여자들은 '권리'만 보는데, 서양여자들은 동양여자보다 더 많은 '의무'를 지고 있다. 권리만큼 의무가 부과되는 것이다. 여자들은 상상하기 힘들겠지만 가장으로서의 의무, 전통적인 '아들'로서의 의무, 사회에서 부여하는 수많은 의무들에 고스란히 노출되는 게 남자다. 무서운 건 '결혼'하는 순간 수면 아래 가라앉아 있던 이 의무들이 수면 위로 올라와 남자들의 발목을 잡아챈다는 것이다.

남자들에게 결혼이란 의무는 좋을 수도 있고 나쁠 수도 있다. 물론 개인적인 상황과 성향에 따라 다르겠지만, 여자들처럼 맹목적으로 결혼이 좋다고 말하지는 않는다. 여자가 좋은 만큼 남자는 힘들어진다. 그래서 내 주변에 결혼한 남자 P군에게 결혼을 결심한 이유를 물어봤다.

"예전 선배들이 했던 말이 맞더라고요. 결혼이란 건 아예 아무것도 모를 때 하든가, 반대로 모든 걸 다 알 때 하든가 하라고……. 아무 생각 없이 빨리 가는 게 아니라면 남자들도 머리 복잡해지죠.(웃음) 모텔비가 아깝다는 생각이 들기 시작할 때 결혼을 생각한다잖아요? 비슷해요. 계속 밥을 혼자 먹어야 했기에 외롭다는 생각도 들고, 아플 때 누가 있었으면 간병도 해주지 않을까 하는 생각도 들고……. 마침 옆에 지금 와이프가 있었는데, 한 1년 연애를 했거든요. 와이프가 저보다 두 살 어리잖아요. 은근히 결혼에 대한 압박도 있었고, 데이트 비용 생각하니 아깝기도 했고…….”(37세, 결혼 2년 차)

남자들, 이렇다. 자기 속에 있는 말을 제대로 표현하지 못한다. 진짜 이유가 뭐냐고!

“(고민) ‘이 정도면 괜찮지 않을까?’가 아닐까요? 이 정도면……. 대충 어디 데리고 다녀도 부끄럽지 않을 얼굴이고, 부모님한테 잘할 것 같고, 나한테도 잘 할 것 같고, 현모양처까지는 아니어도 대충 맞춰 살아갈 수 있을 것 같았어요. 그리고 결정적으로……, 저랑 잘 맞았어요. 배려하는 씀씀이가……. 천상 여자였죠. 그래서 결혼을 결심했어요.”

P의 경우는 좀 ‘늦은’ 나이에 결혼했다. 아울러 P의 경우는 조건이 괜찮은 편이었다. 소위 말하는 30대 기업 안에 드는 회사를 다닌다. 이런 경우를 일반적인 결혼 결심의 이유라고 말하기는 어렵다. 하지만 그 면면을 살펴보면 일정 범주로 나눌 수는 있을 것 같다.

"더 할 게 없어서", "모텔비가 아까워서"

연애 기간이 긴 경우에 이런 말이 나온다. '이 여자와 결혼을 하겠다'는 기본적인 결론을 내린 상태에서 연애중이고, 그 와중에 주변의 압력이 슬슬 다가오면 결혼하게 돼 있다. 이 케이스에서 정말 재미있는 건, '지금까지 사귀었는데 결혼 안 하면 나쁜 놈 되겠지?' 이런 생각을 하는 남자 꽤 있다는 것이다.

이 정도면 괜찮지 않을까?

이 경우가 가장 까다롭다. 남자가 '계산'하기 시작한 것이다. 적당한 나이가 되면 주변의 여자들을 살펴보기 시작한다. 그리고 저마다의 계산기를 두들긴다. 다시 말하지만, 남자라는 족속은 집안의 반대가 있으면 절대 결혼할 수 없는 존재다. 계산기를 두드린다는 측면에서 남자들도 여자 못지않다고 할 수 있다. 아니, 더 꼼꼼하고 철저할 수도 있다. 이런 대사를 할 정도면 어느 정도 자기 '조건'에 대한 확신이 있다는 것이고, 시간이 조금 뒤로 밀려도 상관없다는 생각을 한다.

남자들은 서른다섯 살이 되어도 여자들처럼 그렇게 쫓기지는 않는다. 미모뿐만 아니라 학벌, 집안, 직장 등등 챙겨야 할 것들을 꼼꼼하게 챙기고 확인한다. 이런 항목들 중 재미있는 게 있는데, 이들이 가중치를 둔 것 중 전혀 의외의 '항목'이 끼여 있다는 것이다. '성격 좋은 여자.' 너무 두루뭉술한가? 남자들은 의외로 이 점에 약하다. 날 잘 챙겨주고, 내 말에 거스르지 않을 것 같은, 그리고 날 귀찮게 하지 않을 것 같은……. 나이가 들수록 여자의 '성격'에 대한 비중이 커진다. 이게 좀 더 구체화되면 '현모양처'로 확립되는 것이다.

사랑하니까, 붙잡기 위해

정말 괜찮은 여자라는 판단이 서고, 지금 붙잡지 않으면 놓칠 것 같다는 생각이 들 때다. 가장 이상적인 상황이다. 여기에 대한 후배의 코멘트를 덧붙이려고 한다.

> "사랑에 나이가 있는 건 아니지만 어느 정도 나이가 있다면 이런 느낌이 오는 건 좀처럼 어렵지 않을까요? 너무 많은 걸 알아 버린 나이라서……."

많이 알게 되면 생각이 많아지고, 생각이 많아지면 행동이 줄어들게 돼 있다. 남자들은 이미 너무 많은 걸 알아 버렸다.

외로워서

요즘은 부모님과 함께 살지 않고 혼자 사는 경우가 많다. 주로 사회생활을 시작하면서부터 자취생활을 오래한 남자의 경우나 노총각인 경우가 많다. 이게 '자발적'인 경우에는 주변에서 여자를 찾고 적극적인 구애 활동을 하면 해결되겠지만, 문제는 대부분의 경우 여자들이 쳐다보지 않을 '조건'을 가진 경우가 많다는 점이다. 이들에겐 결혼에 대한 환상만큼이나 실제적인 도움을 줄 여성이 필요한 것이다.

이 '외로워서'의 경우에는 '귀찮아서'가 포함된 경우가 많다. 가사 노동과 여성이 제공하는 각종 '서비스'에 목말라하는 경우다.

잔소리 듣기 싫어서

의외로 이런 남자 많다. 자기 혼자 힘으로 독립하기 어려워서 '결혼'을 핑계로 독립하고 대충 맞춰 사는 경우다. 간혹 여자들도 부모님의 잔소리를 피해 결혼을 결심하는 경우가 있는데, 아무생각 없이 물건을 사듯, 쉽게 생각하는 것이다.

정착에 대한 욕구

남자도 정착에 대한 욕구가 있다. 안정적인 삶, 즉 사회에서 인정하는 안정적인 사람으로서의 삶을 꿈꾸는 것이다. 남자들의 이런 욕구가 바로 '결혼'으로 이어진다. 다시 생각해 봐도 연애와 결혼은 정말 '타이밍'인 것 같다. 남자가 결혼에 대한 욕구가 있을 때 그 앞에 적당한 여자가 나타나면 결혼으로 이어질 확률이 높다. 여자들이 '운명'을 말할 때 남자는 '적당함'을 찾는다.

"남자에게 고백을 받아내는 방법은 없는 거야?"라고 물어볼 수 있겠지만, 남자가 어느 정도 여자를 마음에 들어 하고, 분위기가 무르익기 전 이것은 불가능하다. 연애라면 모르겠지만 결혼은 어렵다. 오래된 연인의 경우라면 아이 사진을 보면서, "너랑 나랑 아이를 낳으면 누굴 더 많이 닮을까?"라는 식으로 간접적인 멘트를 계속 던지며 압박을 하는 수가 있겠지만 이 경우에도 '선'을 넘기는 어렵다. 넘는 순간? 남자는 한 발 뒤로 물러서게 된다. 다가가면 물러나고, 물러나면 다가오는 게 남자다. 극단적으로, "나도 나이가 있어. 집에서 선보래" 같은 멘트를 날린다면 오히려 역효과를 낳을 확률이 높다.

부디 '섹스할 수 있는 엄마'가 돼라. 남자가 생각하기에 '섹스할 수 있는 엄마'로 비친다면 거의 대부분 결혼에 성공할 수 있다. 남자에게 '적당한 타이밍'이 언제인지 여자들은 모른다. 심지어 남자 자신도 모를 수 있다. 그렇다면 여자가 '적당한 여자'가 되는 수밖에 없다. 적당한 여자가 돼서 남자의 적당한 타이밍을 기다리는 수밖에 없다. 진인사 대천명이라잖아? 사람이 할 수 있는 노력은 다하고, 나머진 하늘에 맡겨야지!

차라리 내가 먼저 고백하는 건 어때? 나쁘진 않다. 다만, 효과에 대해서는……. 다시 말하지만, 남자의 '승낙'이 있어야 한다. 승낙이 있으려면 남자 스스로가 지금 결혼할 타이밍인지에 대한 판단이 서야 한다. 최근의 추세를 보면 '우리……, 결혼할까?'와 '에이, 아니다' 사이 정도로 볼 수 있다. 이런 식으로 흘리는 방법을 많이 쓰는 것 같은데, 나쁘진 않다. 남자의 마음에 흔적을 남기는 건 좋다. 남자들의 경우 이런 '압박'을 받으면 고민하게 돼 있다. '내가 진짜 결혼할 나이인가? 혼자 살아 봤으니 지금쯤 결혼하는 것도 괜찮겠지? 근데, 누구랑 하지? 재밖에 더 있어?'

이런 식으로 사고를 확장해 나가는 것이다.

마지막으로 여성들에게 이 말을 해 주고 싶다. 여자가 남자의 고백을 압박해서 얻을 수 있는 최대 효과는 '결혼 일자를 앞당기는 것'이다. 이 말이 무슨 의미일까? 남자는 결혼할 의지가 있는 경우에만 고백해야 한다. 최악의 경우 관계가 소원해질 수 있다. 그러다 머지않아 헤어지게 될 수도…….

여자들에게 해 주고 싶은 말은 딱 이거다. 고백하고, 휘두를 정도의 능력이나 조건이 되지 않는다면 '적당한 여자'의 조건을 갖춘 다음 남자를 기다리기 바란다. 수동적이라고? 기분 나쁘다고? 그럼 조건을 갖추고 능력부터 키워라.

결혼이 구원이 될 거라는 기대를 버려라

원론적인 이야기를 먼저 해야겠다.

"자신을 선택할 남자를 찾지 말고 선택을 기다리는 남자들이 바라는 여자가 돼라!"

"언젠가 유리구두 신은 공주님이 되겠다는 생각을 버리고 '셔터 키를 줄 여자'가 되겠다!"

"애완동물 고르듯 남자를 고르겠다!"

요즘 여성을 타깃으로 하는 자기계발서에 흔히 나오는 조언들이다. 맞는 말이다. 사람이 행복해지려면 남자든 여자든 자기 인생의 '갑'이 돼야 한다. 자기 인생의 결정은 자신이 내려야 한다. 이 결정을 내리기 위해서는 내 스스로가 완벽한 '단독자'가 돼야 한다. 한마디로 이 사회에서 두 발로 일어설 수 있는 사람이 돼야 한다는 얘기다.

'고도(구원자)'는 없다. 분명히 말하지만 '고도'는 없다. 그러니 결혼이 구원이 될 것이라는 헛된 생각을 하루라도 빨리 버리기 바란다. 내가 누군가에게 의지하는 순간, 내 인생을 통째로 누군가에게 넘겨 버리는 것이 된다.

이미 답은 나와 있다. 결혼을 원한다면 할 수 있다. 매달려라. 원하는 게 있으면 사람은 비굴해지고 약해진다. 결혼이란 걸 원한다면 그걸 달라고 구걸하라. 연기를 하든가 속도위반 전략을 짜든가 머리를 쥐어짜 내라. 당장 자존심부터 버려라.

여자들, 아니 사람들의 가장 큰 문제는 언제나 둘 다 다 얻으려고 하는 데 있다. 명분도 찾고 실리도 얻겠다고?

꿈은 얼른 깨는 게 좋다. 세상은 냉정하다. 그리고 철저한 경제 원리로 돌아간다. 원하는 게 있다면 약자가 될 수밖에 없다. 약자라는 사실을 인정하라. 그러면 길이 보인다. 자기가 약자라는 사실, 자신의 자존심을 버리고, 오로지 '결혼'이라는 목적에만 충실하겠다고 선언하라. 그라면 결혼할 수 있다.

그러나 그 결혼이 구원이 될 수는 없다. 결혼을 구원의 수단으로 보지 마라. 물론 실낱같은 희망은 있다. 로또와 같은 확률로 인생역전에 성공한 케이스가 분명 있다. 그러나 거기에도 명암은 존재한다. 그 작은 확률에 기대어 섣부른 환상은 찾지 말자. 환상은 TV 브라운관에서 끝내기 바란다. 구원은 없다.

동생의 열세 번째 질문

정말 이 남자일까?

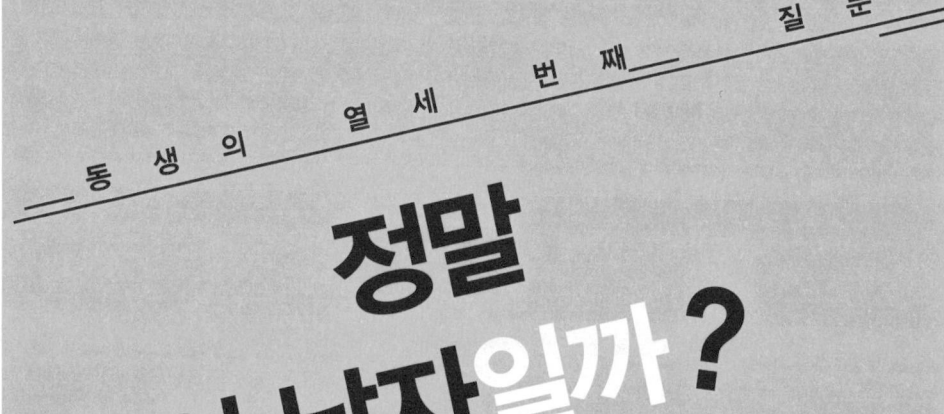

13

20대 여자들의 경우 남자가 고백을 하면 혼란스러워한다. 마음 한편으로는 뿌듯해하면서도 왠지 모르게 불안하다.

그 불안의 원인은 간단하다. '이 남자가 과연 내 운명의 남자일까?' 이것이 20대 여성들의 연애에 있어서 가장 큰 고민일 것이다. 그런데 스무 살 꽃띠도 아닌 내 여동생이 그런 고민을 하고 앉아 있다. 아……, 이게 아직 정신을 못 차렸구나!

나 **이년아, 제발 정신 좀 차려! 네 나이면 남자가 있는 것만으로도 감사해야지!**

올 **아니, 그건 알겠는데……. 여자들은 그렇다니까!**

나 **조건만 본다면서?**

올 **…… 확신이 없어. 도대체 결혼한 여자들은 무슨 생각으로 결혼한 거야?**

나 **지랄도 풍년이다.**

내 동생도 여자였다. 모든 여자들이 그렇듯 선택의 순간 '확신'을 말한다. 이 남자인 줄 알았는데, 더 좋은 남자가 나온다면? 아니, 이 남자를 내가 잘못 본 거라면? 그런 고민을 할 수밖에 없다. 조건을 말하고, 조건만 말하는 여자들도 마지막 순간에는 이 '확신'에 대해 고민하게 된다. 과연 이 남자가 내 운명의 '짝'일까?

Dear Olivia.

넌 정말 그 여자니?

남녀 관계에서 중요한 '선택'을 할 상황이 닥친다면 여자들은 주저할 수밖에 없다. 인류 역사 이래로 여자는 선택을 받는 수동적인 역할을 맡아 왔다. 더 큰 문제는 그 '결정'에 의해 여자의 인생 자체가 뒤틀릴 수도 있는 '파괴력'이 있다는 것이다. 그러니 당연히 신중해질 수밖에 없다.

"네가 능동적으로 남자를 선택할 수도 있잖아. 언제까지 선택받는 입장에서 살래?"

"남자 때문에 네 인생이 흔들리는 걸 언제까지 참고 살래? 결혼 따위에 흔들릴 인생이라면 실패한 인생이야! 선택 당하지 말고 네가 선택해! 아니다 싶으면 버리면 돼! 그런 각오로 남자를 만나!"

이제 시대가 바뀌었으니 위처럼 말할 수도 있겠지만 과연 이렇게 말할 여자가 몇이나 될까? 결혼 전날 밤, 여자들의 고민은 여자들만 알 수 있다. 오죽하면, 메리지 블루Marriage Blue: 결혼 전 불안감이나 우울상태란 말이 나왔을까? 남녀 모두 결혼을 앞둔 상태에서는 불안하다. 그러나 그 성격은 조금 다르다. 남자의 경우는 가장으로서의 책임감이나 경제적 부담감에서 비롯되는 경우가 많지만 여자의 경우는 배우자에 대한 불확실성이 가장 큰 원인이다.

여기서 '날 더 사랑해 주는 남자', '내 진정한 사랑' 따위의 멘트는 접어 두기 바란다. 혜민 스님이 이런 말을 한 적이 있다.

"사랑은 무조건입니다. 조건이 붙으면 그건 가짜죠."

하나 묻고 싶다.

"넌 네가 사랑하는 사람을 선택했냐?"

이해할 수 있는가? 사랑이란 걸 선택할 수 있느냐는 말이다. '아……, 저 사람이랑 사랑 한번 해 볼까?' 이렇게 생각하고 사랑을 시작할 수 있을까? 그렇다면 그건 이미 사랑이 아니다. 이건 사랑해서가 아니라 필요에 의해 결혼하는 것이다. 물론, 대부분의 여성들은 '조건이 포함된 사랑'을 말하는 것일 게다. 여기서 고민의 문제는, 크게 두 가지 정도로 확인할 수 있다.

첫째, 내가 혹시 잘못 선택한 게 아닐까? 더 좋은 남자, 날 더 사랑해 줄 남자가 나오는 게 아닐까? 아니, 이 남자가 막장일 수도 있다.

둘째, 조건만 보고 결혼한다는 게 맞는 걸까? 결혼은 사랑하는 사람들끼리의 결합이 아닐까?

별개의 문제 같은데, 결국엔 하나의 문제다. 결혼을 전제로 사귀는 사람들의 중요한 특징 중 하나가 '골인' 지점에 가까워질수록 바라는 게 많아진다는 사실이다. 여자의 사랑은 기본적으로 누군가와 자신을 '비교'하는 일로 시작된다. 내 옆의 누군가, 그 누군가의 남자친구, TV에서 행복하게 살아가는 것처럼 보이는 연예인들……. 그러다 보니 자신의 선택을 자꾸 확인하게 되고, 불안해하고, 상담하게 된다.

실제로 나이가 먹고, 주변의 시선과 압박을 느끼면 여자들은 마음이 조급해지기 시작한다. 그러면 일단 남자를 만나게 되고, 대충 조건을 맞춰 보게 된다. 이렇게 조건을 맞추다가 어지간히 맞는다면? 남자가 동의하면 빨리 결혼하고 싶어 한다. 여기서 한 가지 본질적인 의문이 생긴다. '결혼하는 상대와 사랑하는 상대는 반드시 일치해야 하는가?'

달리 말하면, '사랑하는 사람하고만 결혼을 해야 하는가'라는 근원적인 질문과 마주하게 된다. 이걸 가볍게 뛰어넘는 게 요즘 30대 여성들이라지만 그래도 마음 한구석에서 우두커니 이쪽을 바라보고 있다. 이 점에 대해 명쾌하게 답해 주겠다.

"결혼하는 상대와 사랑하는 상대가 동일인물이면 이보다 행복할 순 없다. 그러나 그렇지 않다고 해서 반드시 불행해지는 것도 아니다."

이미 알고 있는 이야기일 것이다. 그러나 최종 결정 앞에서는 작은 산들바람에도 흔들릴 수밖에 없다. 그러니 마음 단단히 먹고 앞을 똑바로 보기 바란다. 만약 '진정한 사랑'을 말한다면 처음부터 다시 생각해야 한다.

이 나이에 결혼을 염두에 둔 대부분의 사랑은 오염돼 있다. '조건을 포함한 사랑'이기 때문이다. 이 사랑이 혜민 스님이 말한 것처럼 '무조건'이라는 전제와 합치하는 사랑이라면 이런 고민을 할 이유가 없다. 의식을 했든 하지 않았든 필요에 의한 '사랑'을 했고 지금 스스로에 대한 '합리화' 과정에 들어간 것이다.

그렇다고 자학하지는 말기 바란다. 현실세계에서 100퍼센트 순수한 사랑을 찾기는 거의 불가능하다. 그리고 '결혼'이란 건 물질을 토대로 한 인간행동이지 않은가? 당연히 조건을 따질 수밖에 없다.

우리 인생에 문학 같은 결말은 없다

"순애, 김중배의 다이아몬드 반지가 그렇게 탐이 났단 말이냐?"라며 울부짖던 이수일과, 그건 오해라며 변명하는 심순애. 돈이냐 사랑이냐는 여자들의 영원한 화두이고, 시대별로 그 해석도 달랐다. 그리고 언제나 결혼 전야의 예비신부들을 괴롭힌다. 더 나은 조건, 더 많은 사랑……. 아직 날 찾지 못한 '백마 탄 왕자님'을 기다리지 못하고 시종이나 몸종 같은 남자와 결혼하는 게 아닌가 라는 불안감…….

세 가지만 묻겠다. 스스로가 이 질문의 답을 찾았다면 이 '확신의 굴레'에서 벗어날 수 있을 것이다.

첫째, 좋아서 결혼하는가? 아니면, 남들이 다 하니까 따라서 하는가?

사람들이 곧잘 착각하는 것 중의 하나가 자기가 인생의 주인공이고, 내 인생은 내가 선택하고, 그 선택대로 살아왔다는 착각이다. 가만히 생각해 보기 바란다. 자기 삶의 조건들 중에서 스스로 선택한 것이 몇 개나 되는지, 자신이 선택했다고 믿고 있었던 선택들도 잘 뜯어보면, 누군가의 권유나 압박, 어쩔 수 없음이 묻어 있는 강요된 선택이다. 강요된 선택이 아니라면 그냥 시류에 몸을 맡기고 흘러가는 대로 내버려 둔 경우가 많다.

다른 것도 아닌 결혼 문제다. 인생의 가장 중요한 결정 중의 하나다. 관혼상제 중에서 유일하게 사람이 '선택'할 수 있는 행위인 것이다. 자신의 의지가 들어가 있지 않은 결혼이라면 선택을 보류하는 게 맞다.

둘째, 영원한 것은 없다는 걸 납득하고 있는가?

인간이 만든 것치고 '영원'이라고 말할 수 있는 건 거의 없다. 그게 제도든, 물질이든, 감정이든 마찬가지다. 사랑도 그렇다. 조금 계산적이라고 할 수 있는데 조건이라는 것, 그러니까 남자의 조건이라는 건 사랑에 비해 상대적으로 가변성이 적다. 사기를 당한다거나 투자에 실패하거나 하지 않는다면 말이다. 그래서 대부분의 사람들은 믿기 힘든 사랑보다 불변성에서 앞서 있는 조건을 선택하는 것일지도 모른다.

사랑보다 조건을 택하라는 말이 아니다. 지금 앞에 있는 남자가 내밀고 있는 사랑이나 조건이 영원하지 않다는 것, 지금의 감정이 영원히 이어지지 않을 것이란 것, 이걸 납득하면 선택이 편할 것이다.

셋째, 사람은 쉽게 변하지 않는다.

남녀 간의 결혼을 말할 때 흔히 하는 말이 있다.

"여자는 남자가 변할 거라 믿고 결혼을 결심하고, 남자는 여자가 변하지 않을 거라 믿고 결혼을 결심한다."

의미심장한 말이다. 남자의 소소한 버릇이나 습관, 잘못된 사고방식 등을 보면서 여자들은 결혼하고 나서 그걸 고칠 수 있을 거라 믿는 경우가 있다.

단언하건대, 불가능하다. 30년 가까이 '그렇게' 살아온 사람이다. 그런 의미에서 결혼생활은 '포기'의 과정이다. 지금 남자의 모습에서 더 나빠지면 나빠지지, 좋아지지 않는다는 생각을 하기 바란다.

답은 내렸나? 고민을 하는 여자들 중 대부분은 '고민'에서 끝이 난다. 그냥 그렇게 혼자 끙끙 앓고, 주변 친구나 지인들에게 상담을 받고 그대로 결혼까지 이어지는 거다. 20대 때는 다른 남자가 있을지 모른다는 미련 때문에 포기하는 경우가 있겠지만 30대가 되면 어지간한 하자가 아닌 이상 그대로 진행을 하게 돼 있다.

'그 남자가 그 남자야. 남자 별거 없어'라는 깨달음을 얻게 됐고, '조건을 포함한 사랑'의 검증을 마친 이후이기 때문이다. 내 개인적 판단으로는 '통과의례' 같은 고민이다. 가벼운, 일시적인 사춘기라고 생각한다. "우리 인생에 문학 같은 결말은 없다"고 말한 줄리안 반스의 말을 다시 해 주고 싶다.

지금 행복하지 않으면, 언제든 다른 선택을 하라

사람들은 의외로 판단력과 결단력이 떨어진다. 인생에서 가장 중요한 '결혼'인데, 하나같이 거기에 대한 확신이 없다. 당연히 없을 수밖에 없는 게, 100퍼센트 완벽한 남자가 세상에 있겠는가? 설령 그런 남자가 있더라도 그건 시간 제한이 있는 한정판이다. 그럼에도 불구하고 여자들은 '확신'을 얻고 싶어 한다. 그 결과, 주변 사람들까지 피곤해진다.

처음에는 스스로에게 이런 질문을 던진다. '이 남자가 정말 그 남자일까? 이게 최선일까?' 그런 다음 치열하게 고민한다. 그래도 답을 내릴 수 없다. 중요한 건 '확신'이 서야 결혼한다는 것이다. 사람들은 그래서 주변 사람들에게 계속 확인을 받는다.

"그 사람 괜찮아. 결혼해."

이런 소리가 나올 때까지, 그것도 주변 사람들 모두한테서 그 소리를 들어야 직성이 풀린다고나 할까? 그런 '확인 도장'이 어느 정도 쌓이면 그냥 '확신'으로 처리한다.

개인적 바람이지만, 되도록 이런 확인 과정은 거치지 않았으면 한다. 물론, 주변에 선을 보이고 의견을 듣는 건 좋다. 그러나 이걸 기계적인 확인으로 봐선 곤란하다. 보편타당한 상식선에서 결격 사유가 있는 남자를 걸러 내는 건 좋다. 그러나 주변인들이 좋다고 말해도 결국 같이 살 사람은 자신이다. 그 사람에게 좋은 사람이 내게도 좋다는 보장이 있을까? 결론은 평범한 의견 이상이 나올 확률이 낮다는 것이다. 그러니 단순한 참고사항 정도로 의견을 들어라. 그리고 그 빈자리를 스스로 메우기 위해 노력하라. 그리고 자신에게 냉철하게 물어보라. '이 사람과 죽을 때까지 같이 살 수 있을까?'

처음엔 쉽게 답이 안 나올 것이다. 조금만 머리를 식히고 나서 다시 물어보기 바란다. 객관적으로 자신과 상대를 바라보려고 노력하기 바란다. 아니, 보편타당한 상식선에서 물어보기 바란다. '어떻게 사람이 평생 한 사람만 사랑할 수 있지? 아니, 그 전에 어떻게 한 사람하고만 살아?' 이제까지 풀어 놓은 이야기를 상기해 보기 바란다. 사랑은 언젠가는 식는다.

그렇다고 사랑만으로 세상을 살 수 있는 건 아니라는 의미다. 사랑을 기준으로 결혼한다면 한번 고민을 해 봐야 하는 것이다. 분명하게 생각해야 하는 건 "그럼 헤어질 수 있다는 거네? 그럼 그걸 받아들일 수 있겠어?"와 같은 질문에 대한 대답이다. 결혼하는 사람들에게 가장 필요한 건 이혼할 수 있느냐는 대답에 "yes!"라고 말할 수 있는 용기와 확신이다.

사랑은 영원하지 않고, 인생은 언제나 예측불허다. 사람이 하는 것 중 영원한 것은 없다. 그렇다는 건 결혼이 영원하지 않을 수도 있다는 걸 인정해야 한다는 의미다. 이런 각오를 가지고 결혼한다면 중심을 잡고 결혼생활을 할 수 있을 것이다.

한마디로 말해서 '언제까지 같이 살지는 모르겠지만, 일단 결혼하고 같이 살아 보자. 행복하게 살 수 있을 때가지 살아 보고, 그다음은 그때 상황 봐 가면서 결정하자'라는 마음을 먹고 있으면 된다는 것이다.

물론, 결혼 생활을 유지하기 위한 노력은 필요할 것이다. 그러나 여기에는 대전제가 붙는다. 바로 '행복한'이다. 아무리 노력해도 행복한 결혼 생활이 될 수 없다면 접는 게 옳다. 인간은 행복해지기 위해 사는 존재다. 결혼도 마찬가지다. 우선 내가 행복하고 난 뒤에야 그다음을 기약할 수 있는 것이다. 이 납득의 과정을 거친 다음의 결혼에는 '불안'이나 '초조'가 없다.

이 말이 이상적으로 들리고 비현실적이어 보일 수도 있다. 그러나 현실을 냉철하게 살펴보기 바란다. 우리나라 이혼율이 OECD 국가들 중 1위다. 한 해 평균 11만 7,000쌍이 이혼을 한다. 사람 수로 따지면 무려 23만 4,000명이 이혼을 하는 것이다.

사람들은 왜 이혼을 할까? 결혼할 때는 좋아 죽겠다고 결혼하지 않는가? 그런데 왜 이혼을 할까? 행복해지기 위해서다. 같이 있는 것보다 헤어지는 게 더 행복하다는 결론에 도달했기 때문에 이혼하는 것이다. 아마, 결혼 생활을 몇 년 하다 보면 이게 무슨 의미인지 알 수 있을 것이다.

막연한 환상을 품고 결혼을 보지 말기 바란다. 결혼은 환상도, 구원도, 도피처도 될 수 없다. 그냥 인생이란 긴 여정에서 막간의 안식과 기쁨을 주고, 그다음은 '생활'이란 이름의 짐을 안겨 줄 것이다.

싯다르타가 말했다. "인생은 고행"이라고 말이다. 순간순간의 행복, 그 행복의 순간에 기뻐하고, 언제나 행복을 최우선으로 살아가기 바란다. 그러기 위해 결혼하는 것이다. 그리고 그 결혼의 대전제는 언제든 행복하지 않으면 다른 선택을 할 수 있다는 각오도 동반돼야 한다.

동생에게

행복의 방법론 중 하나로 결혼을 바라보렴!

올 **오빠는 오빠로서의 의무를 방기하고 있어! 동생이 시집을 못 가면 남자를 찾아보든가 하다못해 결혼정보업체 계약금이라도 내 줘야 하는 거 아냐?**

동생은 나만 보면 이런 압박을 하는데, 내 대답은 변함없다.

나 **주변에 소개시켜 줄 만한 남자가 없어서 소개 못 시켜주겠고, 돈이 없어서 계약금 못 주겠다.**

대신 이 책을 주마. 네가 나에게 했던 하소연들, 그리고 내가 너에게 들려주었던 이야기다. 그러니 이제 앞으로 '남자'와 관련해서는 더 이상 나를 괴롭히지 않기를 바란다. 같은 이야기를 무한 반복하는 것도 지겹다. 진심이다. 이 책을 쓰면서 가만히 네 질문들을 곱씹어 봤는데, 아무래도 결혼에 대해 몇 가지 환상이 있는 것 같다.

첫째, 결혼하면 행복해질 것이다.

둘째, 결혼을 안 하면 뭔가 하자 있는 사람이 된 것 같다.

셋째, 결혼하지 않으면 나중에 혼자 쓸쓸하게 늙어죽을지도 모른다.

누누이 말하지만 결혼한다고 무조건 행복해지진 않아. 특히나 대한민국 같은 나라에선 결혼하는 것도 힘들지만 결혼을 유지하는 것도 힘들어. 행복은 그다음이지. 행복은 그냥 주어지는 게 아니고 노력을 해야 해.

더 무서운 건 네 무의식 속에, '남자가 날 행복하게 해 줄 거야' 라는 생각이 깔려 있다는 거야. 이 세상에 영원한 건 없어.

남자도 마찬가지거든. 오늘 나만 바라보던 그 남자가 내일도 나만 바라볼 거란 보장이 있어? 그리고 날 누군가에게 맡기는 순간 내 행복과 운명, 미래를 다 건네는 거야. 그 정도로 확신할 수 있는 남자가 있을까? 그리고 그 확신이 배신당하지 않을 거란 믿음이 있어? 아니라는 데, 내 전 재산과 오른팔을 걸게. 남들 시선 때문에 결혼하겠다는 생각……, 네가 내게 했던 말이 아직도 귀에 쟁쟁해.

"작년에 결혼식을 갔더니 친구들이 다 남자친구를 데리고 왔었는데, 올해 가니까 다들 남편을 데리고 왔어. 한 명은 애도 데리고 왔어. 다들 측은한 듯 날 보는데, 정말 쥐구멍이라도 들어가고 싶었어!"

그 심정 이해해. 남과 다른 걸 '틀린' 걸로 이해하는 대한민국이지. 거기다가 주변인에 대해 지나치게 관심이 많은 관찰사회가 또 대한민국이야. 결정적으로 행복을 가장 손쉽게 느낄 수 있는 게 '비교우위'거든. 남의 불행을 보면서 스스로 행복하다고 느끼는 거지. 남 잘 안 된 이야기를 내심 좋아하는 게 사람의 기본적인 속성이니까.

결혼을 안 한 게 불행일까? 설사 불행이라고 하더라도 남의 시선 때문에 등 떠밀리듯 결혼을 하면 그게 행복일까? 네 인생이잖아? 네 인생은 네 인생의 방식대로 소비해야 하지 않을까? 왜 네 인생에 다른 사람의 시선이 들어가야 하지? 그래, 주변의 시선이 불편할 수도 있어. 그 시선 때문에 네 인생을 던져야겠어?

우선 말하고 싶은 건, 네가 결혼을 해야 할 이유를 먼저 찾아야 하지 않을까 하는 거야. 필요에 의해 결혼을 하든 사랑 때문에 결혼을 하든 그건 상관없어. 그렇지만 다른 사람의 시선 때문에 결혼하는 건 아니야.

마지막으로 나중에 혼자 쓸쓸히 늙어 죽는 게 걱정이라고? 아직까지 오빠도 있고, 네 조카들도 있다. 그건 걱정하지 마라. 그래도 걱정이면 연금보험이라도 몇 개 들어 둬라. 가장 확실한 노후 대책은 자식이 아니라 '돈'이야. 그러니 노후를 결혼에 끌어다 붙이지 마.

이제까지 결혼 이야기, 남자 이야기만 주구장천 했는데, 난 네가 행복했으면 좋겠다. 그 행복의 방법론 중 하나로 결혼을 바라봤으면 좋겠어. 결혼은 의무가 아냐. 그리고 남자를 통해 행복을 살 수 있는 것도 아냐. 코리안 사만다의 결혼 생활을 너도 봤잖아? 남자에게 기대는 순간, 그 여자는 그 남자 인생의 부속품이 되는 거야. 난 내 동생이 남자 인생의 부속품으로 들어가는 걸 원치 않아. 그건 안정이 아니라 압박이고, 정착이 아니라 구속이야.

아름다운 구속? 그 이전에 인간으로서의 네 행복이 우선이야. 행복이 기본 베이스로 깔린 다음에 구속이든 안정이든 찾아올 거 아냐? 네가 행복해질 수 있는 방법을 찾기 바란다. 그게 결혼이든 결혼이 아니든 간에 오빠가 널 사랑하는 마음은 변치 않을 거다. 중언부언 말만 많았다. 나중에 술이나 한 잔 하자.

아, 마지막으로 이제 남자 문제 가지고 날 찾지 말기 바란다. 이만큼 써 줬으니 이제 알아서 하길 바라며, 이상.

그 남자를 만나기 전에
알았다면 좋았을 것들

초판 1쇄 발행 2014년 1월 10일
개정판 1쇄 발행 2017년 1월 26일

지은이 이성주
펴낸이 이범상
펴낸곳 (주)비전비엔피 · 애플북스

기획 편집 이경원 박월 김승희 강찬양 배윤주
디자인 김혜림 이미숙 김희연
마케팅 한상철 이준건
전자책 김성화 김희정
관리 이성호 이다정

주소 우)04034 서울시 마포구 잔다리로7길 12(서교동)
전화 02)338-2411 | **팩스** 02)338-2413
홈페이지 www.visionbp.co.kr
이메일 editor@visionbp.co.kr

등록번호 제313-2007-000012호

ISBN 979-11-86639-45-0 13190

· 값은 뒤표지에 있습니다.
· 잘못된 책은 구입하신 서점에서 바꿔드립니다.

「이 도서의 국립중앙도서관 출판시도서목록(CIP)은 서지정보유통지원시스템 홈페이지(http://seoji.nl.go.kr)와 국가자료공동목록시스템(http://www.nl.go.kr/kolisnet)에서 이용하실 수 있습니다.(CIP제어번호: CIP2016031642)」